# Combien de temps ça va durer ?

DU MÊME AUTEUR

*La Crise des années 30 est devant nous*, Perrin, 2007.

*La Guerre des empires : Chine contre États-Unis*, Fayard, 2010.

*Qui va payer la crise ?*, Fayard, 2012.

*La Fin de la mondialisation*, Fayard, 2013.

*Tant pis ! Nos enfants paieront*, Albin Michel, 2016.

*Tordez le cou aux idées reçues*, Stock, 2018.

*Tout va basculer !*, Albin Michel, 2019.

*Quoi qu'il en coûte !*, Albin Michel, 2020.

*Rien ne va mais…*, Plon, 2022.

François Lenglet

# Combien de temps ça va durer ?

*100 vérités bonnes à dire*

PLON
www.plon.fr

92, avenue de France
75013 Paris
Tél. : 01 44 16 09 00
Fax : 01 44 16 09 01
www.plon.fr
www.lisez.com

Mise en pages : Nord Compo
Dépôt légal : octobre 2023
ISBN : 978-2-259-31728-3

# Le temps des monstres

Voilà quarante ans que je suis journaliste, et je ne pense pas avoir jamais vécu période aussi intéressante.

Non pas qu'elle soit paisible.

Partout dans le monde, c'est le désordre. Partout, les manifestations violentes, les émeutes et les pillages se multiplient depuis dix-huit mois. Pour contester les pouvoirs en place. Le racisme et la police. La vie chère. Comme souvent, la France cristallise les évolutions planétaires en les caricaturant. Le pays est éruptif, le rythme et l'intensité des explosions augmentent. 2018, les Gilets jaunes. 2022, la réforme des retraites. 2023, les pillards des banlieues. Et en 2024 ? Se conjugue, chez nous plus qu'ailleurs, une crise de l'autorité qui corrompt la légitimité des chefs et des sachants, avec un immense désir d'ordre insatisfait. Les deux pourraient sembler contradictoires. En réalité, ils marchent comme deux siamois. Au point que l'idée même de faire société a perdu son évidence, faute d'un socle de principes sur lesquels la construire. Que valent aujourd'hui la démocratie, la règle de la majorité, ces mots gravés dans nos monuments par les générations précédentes ? La lente émancipation de l'individu et la progression des Lumières s'achèvent sur le triomphe de l'incivilité.

### *L'Occident rétréci*

À ce trouble social répond, sur le plan géopolitique, celui de l'ordre mondial. Naguère unifiée sous la domination des États-Unis, la planète bouillonne. Partout, les méchants se réveillent, aiguillonnés par l'affaissement américain, exactement comme de jeunes caïds contestent la loi du parrain vieillissant qu'on espère abattre. Poutine en Russie, Erdogan en Turquie, Kim en Corée du Nord, Bachar en Syrie, Ben Salman en Arabie Saoudite, et bien sûr Xi en Chine, autant de leaders qui estiment que leur heure est venue. Qui pour annexer, qui pour embastiller ou tuer, qui pour fabriquer des armes interdites.

Deux événements ont marqué le début du désordre : le retrait calamiteux et humiliant des Américains quittant l'Afghanistan, à l'été 2021, signalant que l'Oncle Sam n'était plus prêt à mourir pour préserver son influence et la guerre d'Ukraine, au printemps 2022, qui a dessiné la nouvelle géopolitique. Plus de la moitié de l'humanité s'est abstenue de condamner, par le truchement de ses représentants à l'ONU, l'invasion de l'Ukraine par la Russie, c'est-à-dire de soutenir l'Amérique. Quelle différence avec la guerre d'Irak, au faîte de l'hyperpuissance américaine, en 1991, lorsque George Bush avait réuni un consensus planétaire pour punir Saddam Hussein ! La guerre d'Ukraine a fait rétrécir l'Occident et l'a réduit à ses frontières historiques.

L'évolution des fameux BRICS (Brésil, Russie, Inde, Chine et Afrique du Sud) est très significative. En 2001, lorsque la banque Goldman Sachs avait inventé cet acronyme, ceux-ci étaient vus comme les relais naturels de la croissance de l'Occident, soit comme marchés, soit comme terres de délocalisations. Des vassaux en tout cas, destinés à vivre dans l'orbite géostratégique de Washington. Les esprits les plus clairvoyants se doutaient bien que l'évolution démographique allait nécessiter un rééquilibrage. D'où la création du G20 et de deux ou trois autres colliers de verroterie pour frapper l'esprit des indigènes. Mais personne n'avait prévu l'inversion du rapport de force. Il est en cours.

Ne parlons même pas de la Russie, désormais notre ennemi. La Chine ? Elle ne se pense plus comme le partenaire de l'Amérique, mais comme un maître du monde alternatif, à tout le moins parallèle. Donc comme un rival. L'Inde ? Avec la plus grande population mondiale et une croissance économique record, elle estime qu'elle a une carte à jouer et une seule – la sienne. Pas moyen de l'attirer dans notre camp. Elle achète des armes aux États-Unis et à la France, mais du pétrole à la Russie. Quant au Brésil et à l'Afrique du Sud, ils multiplient les signes d'amitié à l'égard de Moscou. Pour eux, la guerre d'Ukraine n'est qu'un conflit régional secondaire, et ils ne comprennent pas l'insistance de l'Europe à vouloir les y entraîner. Pour compléter le tableau, enfin, l'Arabie Saoudite s'éloigne, elle aussi, de Washington. Les Saoudiens ont compris que l'Amérique, autosuffisante en pétrole, ne jouerait plus le rôle protecteur qu'elle avait endossé au sortir de la Seconde Guerre mondiale à cause de sa dépendance énergétique. L'Arabie Saoudite se rapproche donc de son nouveau client, la Chine. C'est un bouleversement majeur, qui aurait pu servir de trame à un album d'Hergé intitulé : « Monsieur Xi au pays de l'or noir ».

Tous ces acteurs émergents se moquent ouvertement de l'argument occidental pour tenter de les rallier à la cause anti-Russie. En envahissant l'Ukraine, Moscou a violé les frontières reconnues internationalement, clament l'Europe et les États-Unis. Le monde entier a donc intérêt à condamner l'opération pour ne pas miner les fondements de l'ordre mondial. Faute de quoi, chaque pays s'exposerait à ce qu'un voisin frustré annexe telle ou telle de ses provinces sur un coup de tête. Vous parlez d'or, répond-on à New Delhi ou Brasilia, mais que n'avez-vous appliqué ce principe les siècles précédents, lorsque vous avez envahi sans scrupules tous les continents pour les asservir à vos intérêts économiques et diplomatiques ? Il faut dire que ce contre-argument ne manque pas de poids.

Ce nouveau monde nous apparaît comme turbulent, dangereux à cause des confrontations qu'il occasionne et des risques de guerre qu'il recèle. Nous, les Occidentaux, y voyons le triomphe de la violence sur la raison, de la loi du plus fort sur un multilatéralisme patiemment construit depuis la chute du Mur, et même la Seconde Guerre mondiale. La réalité est tout autre. Pour la première fois depuis cinq siècles, nous subissons la force des autres, ou plutôt leur détermination à ne plus nous suivre. Depuis la découverte de l'Amérique jusqu'à aujourd'hui, l'Occident avait imposé sa loi, l'Europe d'abord, puis les États-Unis. Ce qui nous semblait être un monde de raison dominé par les principes de la philosophie kantienne n'était en fait qu'un ensemble où nous avions la main grâce à l'hyperpuissance américaine. C'est fini.

### *Guerre économique des États*

Le besoin de souveraineté qui a saisi l'Occident n'est que la réaction à ce nouveau monde de confrontations. Auparavant, nous étions souverains sans le savoir, comme les Monsieur Jourdain de la mondialisation, ignorant notre propre suprématie, tellement habituelle qu'elle en était devenue inconsciente. La mondialisation nous convenait car nous en étions, sinon les bénéficiaires exclusifs, du moins les architectes. Dès lors que nous en avons perdu la maîtrise, comme c'est désormais manifeste, il a fallu recommencer à défendre nos intérêts.

D'où la bagarre mondiale pour sécuriser les approvisionnements. En apparence, c'est l'épidémie de Covid qui nous a fait prendre conscience de la dépendance dans laquelle nous vivions, que ce soit en matière de masques, de médicaments ou de semi-conducteurs, lorsque la vive reprise a enflammé la demande mondiale. En réalité, c'est le rétrécissement de l'Occident qui est à l'origine de ces pénuries : on ne pense plus à nous ailleurs que chez nous. Nous n'avons plus les moyens de passer avant les autres. Auparavant, lors de la mondialisation des années 1990 et 2000, la guerre économique opposait les entreprises entre elles, pour les contrats et la conquête des marchés. Maintenant, elle met aux prises les États, chacun étant désireux de garantir ses achats à l'étranger ou de relocaliser la production de tel ou tel bien essentiel. L'énergie, les médicaments, les terres rares pour construire des batteries, les composants électroniques, les câbles sous-marins pour le transport des données de télécoms, les satellites… Et demain, les céréales et l'eau. Car la montée des antagonismes se conjugue avec la raréfaction des ressources sur la planète, elle-même soutenue par la croissance démographique galopante.

D'où le renouveau de la politique industrielle et du protectionnisme. Avec une transformation spectaculaire du vieux continent. Les pères fondateurs de l'Europe étaient obsédés par l'éradication des frontières. Ils voulaient empêcher le retour de la guerre qui nous avait mortifiés à deux reprises au XXe siècle et avaient donc patiemment démantelé l'arsenal économique des États à partir des années 1980 en vue de construire le marché unique. Et ils ont réussi. L'Europe était ouverte à tout vent, parfaitement en phase avec un monde sans risque dominé par l'Amérique. Au point de devenir, pour reprendre la formule d'Arnaud Montebourg, « l'idiot du village mondial », ouvrant ses marchés publics à la Chine et aux États-Unis alors que ceux-ci restaient fermés.

Une nouvelle fois, l'épidémie de Covid a servi de catalyseur à cette révolution idéologique : protectionnisme presque assumé, réapparition des aides d'État et des subventions à l'économie, atténuation de la politique de concurrence pour rétablir la primauté du producteur sur le consommateur, grands plans sectoriels sur les semi-conducteurs ou les batteries automobiles. Et après le Covid, un autre événement a fini de dessiller les yeux des Européens :

l'Inflation Reduction Act (IRA), une loi américaine ouvertement protectionniste réservant les subventions fédérales aux productions industrielles effectuées en Amérique du Nord. Avec des centaines de milliards de dollars d'aide pour attirer les industriels du monde entier. Face à une telle machine de guerre, il a fallu s'équiper. À l'initiative de Bruno Le Maire, la France est en train d'adopter un plan « industrie verte » qui fait pièce à la législation américaine.

Il est d'autant plus nécessaire de s'organiser que la géographie de l'industrie mondiale connaît un bouleversement comme il en arrive deux fois par siècle. À cause de la montée des tensions avec la Chine, d'abord. Naguère usine du monde, l'empire du Milieu subit la méfiance des Américains, qui cherchent à bloquer sa progression dans les secteurs technologiques de pointe, l'intelligence artificielle en premier lieu, à cause des applications militaires susceptibles de changer le rapport de force entre les deux géants qui bordent le Pacifique. La perspective d'une invasion de Taiwan par la Chine ne fait qu'ajouter à l'inquiétude. C'est pourquoi tous les grands fabricants d'électronique occidentaux et japonais sont incités à installer leurs usines ailleurs que dans la zone d'influence chinoise. Ils se rapatrient donc aux États-Unis et en Europe. Dans le même temps, le basculement vers l'automobile électrique impose de construire de nouvelles usines, de batteries notamment, pour réduire notre dépendance vis-à-vis de l'Asie.

Il se déroule donc une puissante migration d'usines à la surface du globe, d'est en ouest – la fameuse « réindustrialisation ». Une inversion par rapport aux trente dernières années, où les unités de production avaient été délocalisées d'ouest en est.

Ce qui est frappant, c'est l'incroyable rapidité de l'adaptation des entreprises à ce nouvel environnement. Depuis la guerre d'Ukraine, qui a installé Moscou mais aussi Pékin dans le camp des ennemis, elles travaillent à réduire leur exposition et leur dépendance vis-à-vis de la Chine. Ainsi, Apple a développé des bases industrielles en Inde et au Vietnam, alors qu'il avait parié exclusivement sur l'atelier chinois pour fabriquer ses téléphones et ses ordinateurs. Le japonais Kyocera, dans l'électronique, a annoncé son départ de l'empire du Milieu. Le géant de l'Internet Microsoft a décidé de transférer ses ingénieurs travaillant sur l'intelligence artificielle de Chine à Vancouver, au Canada…

Ce mouvement varie en intensité selon les secteurs. Il est très prononcé dans l'électronique, et peu apparent dans l'automobile. Mais il gagne du terrain de jour en jour. Selon l'un des interlocuteurs d'Elon Musk, le patron de Tesla craint de devoir fermer son usine de Shanghai le jour où la Chine envahira Taiwan. Ce serait même l'une des raisons de son projet industriel en France. Dans la plupart des secteurs, aux États-Unis, c'est la stratégie du « China plus one » qui prévaut : la Chine oui, mais avec un autre site de production, afin de limiter les risques géopolitiques.

### *Chômage technologique*

Bouleversement encore avec l'apparition d'une intelligence artificielle encore rudimentaire, mais très prometteuse. Le 30 novembre 2022, la société américaine OpenAI a mis en ligne son fameux service ChatGPT, qui permet d'engager un dialogue très élaboré sur l'actualité, la science, la traduction, la vie quotidienne et même la morale. Gratuit, le service a suscité la curiosité de plus d'un milliard et demi d'êtres humains en trois mois, ce qui fait de lui l'application à la croissance la plus rapide jamais observée. Pas besoin d'être auteur de science-fiction pour imaginer les utilisations innombrables et prochaines de ce nouvel outil : l'interprétation de radiographies et d'examens médicaux, plus fine que celle du meilleur spécialiste ; la compilation instantanée de la jurisprudence dans une affaire judiciaire ; l'établissement de la comptabilité des entreprises ; la traduction écrite ou orale ; la rédaction d'articles journalistiques de bon niveau…

Nul doute que cet instrument fera progresser la productivité de l'humanité de façon considérable. Un bénéfice qui pourra être encaissé de deux façons différentes, comme pour toutes les innovations majeures : davantage de salaire ou davantage de temps libre. L'intelligence artificielle poursuit la longue histoire de l'émancipation des hommes vis-à-vis du labeur, qui a commencé avec l'invention de la roue et de la charrue. Mais cette nouvelle étape va aussi provoquer des heurts violents, à cause du chômage technologique, qui accompagne depuis toujours les innovations.

D'un jour à l'autre, des métiers vont disparaître, comme les tisserands lors de l'invention des premiers métiers à tisser. Et la panique que provoque l'arrivée de ces cerveaux de substitution est d'autant plus forte que pour la première fois, ce sont les cols blancs et les métiers dits intellectuels qui sont touchés par l'automatisation. Voilà près de deux cents ans que les professions de l'industrie subissaient la concurrence des machines, depuis l'invention de la vapeur jusqu'aux robots. Cette fois-ci, ce sera l'inverse. Ce seront les métiers les moins qualifiés – restauration, aide à domicile, livraisons – qui seront non substituables, alors que le travail intellectuel sera taylorisé. Sous l'Ancien Régime, seule l'élite de la société ne travaillait pas. Demain, la nouvelle aristocratie sera-t-elle constituée des chanceux qui auront réussi à conserver leur travail ?

Paradoxe français, alors même que nous nous alarmons des progrès effrénés de l'intelligence artificielle, le lien à la vie professionnelle s'étiole. Il n'est de patron, petit ou grand, qui ne se plaint de la difficulté à recruter et du peu de motivation de ses salariés. Manque d'enthousiasme et sous-productivité, qui se retrouvent dans les chiffres de l'économie. Entre fin 2019 et début 2023, un même travailleur, au même poste avec la même durée de travail, produit 4 % de moins en 2023 qu'en 2019. Un mystère qu'on ne sait pas très bien expliquer. Sinon en rapprochant cet élément troublant de l'explosion des arrêts de travail, en particulier chez les jeunes, depuis le Covid et ses confinements.

Là encore, la France connaît les mêmes évolutions que les autres pays, mais en plus marqué. Comment expliquer ce désengagement brutal, au moment même où l'on redoute la fin du travail ? Perte de sens, affaiblissement du collectif professionnel, effet des forces centrifuges à l'œuvre dans la société ? Ou, plus prosaïquement, revanche des salariés, dont la rémunération n'a pas suivi la forte hausse des prix des dix-huit derniers mois, et qui compensent en réduisant la quantité de travail qu'ils fournissent ? Gardons à l'esprit cependant que le travail structurait naguère la vie des citoyens en leur donnant à la fois les moyens de subsister et une occupation avec, tout aussi important, une identité sociale, une « raison d'être », dirait-on aujourd'hui. Sans oublier l'identité politique acquise avec l'expérience de la collectivité qu'est l'entreprise et des rapports de classe qui y prévalent. C'est tout cela qui vole en éclats. Une explosion qui débouche sur l'atomisation des rapports sociaux que les syndicats et organismes professionnels ont bien du mal à contrer.

### *Trois verts, bonjour les dégâts*

Ultime bouleversement qui secoue notre monde : le changement climatique. Nous pensions avoir le temps de nous y préparer, de négocier avec la punition qui se profilait pour les décennies à venir. Et voilà qu'arrivent déjà les premières manifestations du réchauffement : mégafeux, sécheresse persistante, inondations, événements météorologiques extrêmes, canicules assorties de surmortalité estivale. Cette accélération percute notre état d'impréparation et nous fait mesurer l'inertie de nos comportements et de notre organisation économique et sociétale. L'année 2022 aura été à la fois la plus chaude jamais enregistrée et celle du record de la consommation de charbon et de pétrole. Tout porte à croire qu'il en sera de même pour 2023 et pour les suivantes…

L'enjeu n'est pas tant de savoir ce qu'il faut faire – les technologies de la décarbonation sont disponibles, et nul doute qu'elles vont s'améliorer et devenir plus accessibles – que de le faire au bon rythme. Assez rapidement pour produire des effets, mais pas trop pour ne pas heurter les populations et provoquer un rejet. Bruno Le Maire citait récemment à ce propos Voltaire, passager d'un fiacre qui roulait à vive allure, admonestant son cocher en disant : « Ralentissez, cocher, car je suis pressé ! »

Ces contradictions sont particulièrement vives en Europe, car c'est le continent qui est de loin le plus engagé dans la transition énergétique. Les réglementations se succèdent : interdiction à la vente des véhicules thermiques en 2035, réduction des émissions de l'industrie et de l'agriculture, bannissement des chaudières au fioul, voire au gaz dans certains pays, normes environnementales de construction… Si le rythme se poursuit, l'Europe pourrait devenir la première région du monde « émission zéro ». Un état louable, mais qui n'aura pourtant aucun effet si les autres pays continuent à polluer comme des brutes. Comment les populations accepteront-elles de nouvelles contraintes sur la mobilité, les loisirs, l'habitat, si elles n'ont pas l'assurance d'en percevoir le bénéfice ?

On a pu mesurer au printemps les premiers effets politiques de cette contradiction. Aux Pays-Bas, à l'origine de la chute du gouvernement libéral de Mark Rutte, il y eut l'ascension fulgurante du parti des Paysans, le BBB. Créé en 2019, ce nouveau parti s'est construit presque exclusivement sur le refus des injonctions environnementales adressées à l'agriculture néerlandaise, l'une des plus productives au monde : limitation des rejets d'azote et de l'utilisation des pesticides, interdiction de cultiver à proximité des cours d'eau… C'est la première fois que le changement climatique fait chuter un gouvernement, mais sans doute pas la dernière. En Allemagne, l'extrême droite, toujours prompte à utiliser le ressentiment populaire, est désormais à la fois contre les étrangers et pour les chaudières à gaz…

### *Craquements dans la finance*

Reste l'économie. Depuis la reprise « turbo » de l'après-Covid, celle-ci déjoue tous les pronostics, qui étaient systématiquement pessimistes. La récession a été évitée et l'emploi est au plus haut dans la plupart des pays. Jamais la France n'a compté autant de travailleurs qu'à la mi-2023. Et la Bourse préserve ses records, avec des valorisations bien au-delà des moyennes historiques, au moins pour une partie de la cote. Le tout alors que les banques centrales ont réglé beaucoup plus bas le climatiseur de l'activité économique. Pour contrer l'inflation, elles ont décidé de renchérir le crédit, afin de ralentir la demande des consommateurs et des entreprises, dans l'espoir d'inciter les producteurs à ne plus augmenter leurs prix. Pari en partie gagné alors que l'inflation est retombée à 3 % aux États-Unis à l'été 2023 – les résultats sont moins encourageants en zone euro, en particulier au Royaume-Uni…

Mais cette victoire relative n'est pas sans conséquence sur la stabilité financière mondiale. Car dans un monde surendetté comme le nôtre, tout renchérissement du crédit, surtout aussi brutal, asphyxie progressivement les entreprises et les ménages, au moins dans les pays où l'on s'endette à taux variable. À mesure que les taux remontent, la charge des dettes accumulées s'alourdit. Tant que le crédit était bon marché, les acteurs de la finance et de l'économie avaient multiplié les projets d'investissement et de rachats, y compris les plus saugrenus – lorsque l'argent est peu cher, et Dieu sait qu'il l'était après le Covid, tout projet donne l'illusion d'être rentable. L'argent à coût zéro a fait tourner à plein régime la machine à faire des bêtises.

Les premiers craquements se font déjà entendre. Plusieurs banques américaines ont fait faillite, pour partie parce que l'administration Trump avait allégé les contrôles qui pesaient sur elles, pour partie à cause des hausses des taux. Les entreprises les plus fragiles, comme le distributeur Casino, déposent le bilan, étranglées par le coût de leur dette. L'immobilier est en train de tomber comme une pierre sur la plupart des marchés. *A fortiori* l'immobilier commercial, qui subit le double choc de la hausse des taux et de l'engouement pour le télétravail. Au bout de la chaîne, comme toujours, il y a les banques, les artères vitales de l'activité économique. Résisteront-elles aux faillites de promoteurs, ou faudra-t-il, comme en 2008-2009, les faire garantir par les États ? Les États eux-mêmes seront-ils encore en position de pouvoir soutenir de tels bilans ? Les Banques centrales, enfin, ultimes réassureurs, parviendront-elles à maintenir la confiance indispensable au fonctionnement normal de l'économie ? Nous entrons dans l'inconnu.

Les Européens se rassurent en affirmant que les règles prudentielles de leur système bancaire sont les plus strictes au monde. Ce sont des billevesées. Tous les établissements de la planète sont liés entre eux par d'innombrables flux de crédit réciproques. Qu'une grosse banque tombe aux États-Unis ou en Patagonie, et c'est tout le système mondial qui est en péril, européen compris. Dans une économie mondialisée, la solidité d'une chaîne est égale à celle de son maillon le plus faible, quelle que soit la force des autres. À l'autre bout du monde aussi les craquements se font entendre : en Chine, où les promoteurs immobiliers s'effondrent, écrasés par le stock de logements invendus et les emprunts qu'ils ont accumulés, entraînant dans leur chute les établissements financiers. Le miracle économique chinois est fini. Il laisse derrière lui des dettes considérables qui vont freiner l'économie comme les dunes de sable freinent une voiture. C'est la crise jumelle de 2008-2009 qui se prépare dans l'empire du Milieu, une sorte de *subprime* à la chinoise. Avec à la racine, exactement comme aux États-Unis, les excès de l'immobilier, qui exacerbent les cycles de l'économie.

Nous voici donc face à deux dangers symétriques qui se font face, condamnés à renforcer l'un si nous combattons l'autre. Soit nous poursuivons la lutte contre l'inflation en continuant à monter les taux d'intérêt. Soit nous préservons l'équilibre fragile de la finance mondiale, en laissant la hausse des prix s'emballer.

### *Et la politique dans tout ça ?*

À tout cela, il faut enfin ajouter la situation politique baroque dans laquelle se trouve la France. Avec un président entravé qui se cogne contre les murs, dont le mandat n'a été prolongé qu'au prix de l'élection d'une Assemblée nationale largement incohérente et intempérante. Des corps intermédiaires en lambeaux. Des institutions de plus en plus malmenées, au point de faire du président le seul acteur d'une vie politique atrophiée, rythmée par les « séquences » inventées par les communicants de l'Élysée et les projets de loi incantatoires qui en découlent. Et des dépenses publiques qui s'envolent. Quand on ne peut rien faire – l'antagonisme entre l'exécutif et le Parlement paralyse tout –, on sort le carnet de chèques. Que ce soit pour la transition énergétique, le plan vélo ou la réparation des grille-pains. Emmanuel Macron aura donc été le président le plus dépensier de la Ve République, portant les concours financiers de l'État à plus de 60 % du PIB, alors que les impôts n'auront jamais été aussi élevés.

Macron est-il pour autant coupable ? Il se présentait comme le premier homme des temps nouveaux, il est plutôt le dernier des temps anciens, héritant de la lente détérioration de l'éducation, de l'hôpital, de l'ordre républicain dans les rues, tout ce que ses prédécesseurs n'ont pas su interrompre. Il porte à incandescence les travers français. L'étatisme. L'attention portée à la conception, et non à l'exécution. La propension à chapitrer toutes les assemblées avec d'interminables discours. Une forme d'arrogance naïve et de croyance sympathique dans le destin exceptionnel des Français qui irrite nos partenaires. La dernière métamorphose en date de ce brillant Zélig toujours prompt à prendre les couleurs du temps laisse espérer qu'il n'y aura pas seulement dans son bilan l'inexorable et coûteuse extension de l'État-providence, mais aussi des usines et des centrales. Et le second mandat ne se terminera qu'avec l'élection de son successeur : c'est là-dessus qu'il sera jugé.

Là encore, la France n'est pas seule dans ce dévissage de la vie politique. Le Royaume-Uni a vu une succession d'incapables au 10, Downing Street, le clown Boris Johnson et la falote Liz Truss. En Allemagne, le chancelier Scholz peine à préserver une coalition branlante, alors que l'extrême droite revient en force. L'Italie a fini par mettre au pouvoir une admiratrice de Mussolini. Et que dire des États-Unis, où Donald

Trump se trouve remis en selle alors que le système bipartisan se révèle incapable de produire d'autres candidats que deux octogénaires ?

Géopolitique, technologie, transition climatique, économie et finance, politique : autant de fractures qui s'élargissent à vue d'œil, au fil des jours troublés qui se succèdent depuis 2019, la dernière année de l'ancien monde. Comme si tout se déréglait en même temps par une étrange synchronie. « Le vieux monde se meurt, le nouveau monde tarde à apparaître et dans ce clair-obscur surgissent les monstres », écrivait le philosophe communiste Gramsci, alors qu'il était emprisonné au plus noir des années 1930. Les cent textes qui suivent, inspirés de mes chroniques radio, décrivent les monstres du monde d'hier et les promesses de celui qui vient. Le lecteur qui le souhaite peut retrouver, dans la table des matières, la date de leur rédaction initiale et de leur diffusion dans la matinale de la radio RTL, à 7 h 37.

Et, oui, ça va durer encore longtemps.

PREMIÈRE PARTIE

# LE PLUS DUR EST PASSÉ

## *1. La folie normative française*

Qui n'a pas déjà souffert des normes administratives françaises ? Malheureusement, c'est devenu la marque de fabrique de notre pays. Trois exemples de cette pathologie sévère :

Le premier m'a été raconté par un élu de la métropole de Tours. On connaît l'importance de l'isolation des bâtiments. La ville de Tours a décidé de changer ses fenêtres. Coût de l'opération : 2,8 millions d'euros. Un accord de financement est trouvé avec les trois collectivités locales concernées. Études et discussions commencent. En 2020, la mairie est remportée par les écologistes, qui veulent des fenêtres en bois pour des raisons environnementales. Mais rien n'est possible sans l'architecte des Bâtiments de France et du ministère de la Culture, chargé de faire respecter le patrimoine. La multiplication des textes crée un écheveau de contraintes, qui rend toute transformation des bâtiments existants diablement difficile. Le verdict de l'architecte tombe : pour respecter le style du bâtiment, pas de bois, aluminium obligatoire ! Les élus se cabrent, l'architecte aussi, le projet est bloqué : quatre ans pour remplacer des fenêtres, ou plutôt pour ne pas le faire. Le froid arrive, tant pis pour les finances de la ville.

Deuxième exemple : l'obligation, depuis 2021, de construire une douche à l'italienne dans les logements collectifs neufs. Une douche à l'italienne, c'est une surface plane, dans la continuité du sol, sans rebord. L'idée est de faciliter la vie des personnes âgées ou handicapées. Très bien. Mais la technique occasionne des surcoûts, car il faut couler une chape épaisse pour l'étanchéité. Ce qui interdit de poser des prises électriques à cause des normes de sécurité. Les malfaçons sont nombreuses. Surcoûts encore, et retards. Et, bien entendu, dégâts à l'étage d'en dessous à cause des fuites. Et pourquoi diable imposer cette contrainte ? Par amour des normes, encore. Au secours !

Dernier exemple : les directives sur l'application de la TVA. Tenez-vous bien. Les coquillages vendus ouverts sont taxés à 10 %, alors que vendus fermés ils profitent du taux réduit à 5,5 %. Mais il y a mieux : la fiscalité des spectacles. Le taux applicable sur les billets est de 5,5 %. Et attention. S'il y a consommation, à boire ou à manger, c'est 10 %, sauf si le caractère non obligatoire de la consommation est prouvé ou que celle-ci s'arrête le temps de la représentation. Et ces restrictions ne sont pas valables si l'établissement est affilié au Centre national de la chanson, des variétés et du jazz… à la condition que ces établissements détiennent une licence de débit de boissons de première catégorie. Vous me suivez ? Les recettes réclamées comme compléments de prix sont taxées, elles, à 5,5 % si elles sont incluses dans la facture des droits d'exploitation, mais passent à 10 % si elles font l'objet d'une facture séparée. Et il y a aussi un taux super réduit à 2,10 %. Mais attention, il ne vaut que pour les 140 premières représentations du spectacle. À condition qu'il y ait une nouvelle mise en scène… J'arrête ou je continue ?

C'est terrifiant de constater que des esprits malades ont pu un jour concevoir de telles inepties. Plus terrifiant encore de savoir que l'on mobilise des fonctionnaires pour vérifier leur application.

## *2. Toujours plus de fonctionnaires…*

Le nombre de fonctionnaires a fortement progressé en France ces dernières années. À la fin de l'année 2021, ils étaient 5 674 000, soit 1 million de plus qu'en 1997. Ce qui correspond à une hausse de 22 %, alors que la population française n'a progressé sur la même période que de 13 %.

Les salariés du privé sont environ 20 millions, et les indépendants 3 millions. Les emplois publics français comptent donc pour 21 % des emplois en France, proportion qui nous place dans le haut du tableau en Europe, derrière la Suède, qui domine avec 29 %. Les comparaisons internationales sont toutefois à prendre avec précaution. En Allemagne, par exemple, les hôpitaux sont privés, le personnel n'est pas fonctionnaire, alors qu'ils fonctionnent largement avec des crédits publics.

C'est avec Jacques Chirac que les effectifs ont explosé, en particulier dans la fonction publique territoriale, dans les régions et à l'hôpital, après la mise en place des 35 heures. Entre 1997 et 2002, on embauche près de 400 000 fonctionnaires. Entre 2002 et 2007, plus de 300 000. Stabilité remarquable sous Sarkozy. Et reprise vigoureuse sous Hollande et Macron, avec 150 000 chacun. Emmanuel Macron avait pourtant promis de supprimer 50 000 postes…

### *3. … mais pas partout !*

Paradoxe : plus il y a de fonctionnaires, moins il y a de moyens. Ajoutez à cela des horaires de travail plus faibles qu'ailleurs dans les collectivités locales, beaucoup de suradministration, du monde dans les bureaux et de moins en moins sur le terrain… Défauts bien français.

Quant au désert rural, attention aux idées reçues. Si on prend les fonctionnaires hospitaliers, c'est dans la Creuse et en Haute-Vienne qu'ils sont proportionnellement les plus nombreux : 29 pour 1 000 habitants. Et en Île-de-France, en Seine-et-Marne et dans l'Essonne, c'est là qu'on en trouve le moins : seulement 9 pour 1 000 habitants, c'est-à-dire trois fois moins que dans la Creuse ! Le vrai désert médical, c'est la Seine-et-Marne. Ce sont les départements d'outre-mer et la Corse qui disposent du nombre de fonctionnaires par habitant le plus élevé.

La réforme de l'État a été largement abandonnée. Elle ne figurait même plus dans les grands axes du programme d'Emmanuel Macron en 2022. Le Covid, la guerre, les problèmes d'approvisionnement en énergie ont augmenté la demande de l'État et réhabilité ses interventions. Du coup, on ne se pose plus la question de son efficacité.

### *4. Les réparations ont un bel avenir*

Le 15 décembre 2022, le gouvernement a décidé de mettre en place un « bonus réparation » pour tous les Français. Ce chèque doit financer la réparation d'appareils ménagers qui ne sont plus sous garantie. Son montant varie en fonction de l'appareil : 10 euros pour une machine à café ou un grille-pain, 15 euros pour une perceuse visseuse ou un drone, 25 euros pour un lave-linge.

Cette intention louable a pour but de favoriser la réutilisation plutôt que l'achat systématique de produits neufs. Elle doit permettre de faire des économies sur les emballages, les matières premières, le carbone. Que des bonnes raisons, finalement ?

Mais cet outil est contestable et soulève plusieurs interrogations. Que vient faire l'État dans la réparation d'un drone ou d'un lave-linge ? On va bientôt devoir embaucher le chef du bureau des grille-pains à Bercy, avec son adjoint à la moulinette ? L'enfer économique est, lui aussi, pavé de bonnes intentions.

Quel est le problème ? Pour la plupart d'entre nous, ces 20 euros sont toujours bons à prendre. Le problème, c'est qu'on n'en verra pas la couleur. Ce bonus sera versé au réparateur à condition que celui se soit fait certifier et ait obtenu un label. Et que feront les réparateurs ? Malgré la subvention, ils ne baisseront pas leurs prix ! C'est encore un mécanisme inflationniste. Les allocations logement ont fait monter le prix des loyers pour les studios. En réalité, cette affaire n'est rien d'autre qu'une subvention aux réparateurs d'électroménager. Tant mieux pour eux, tant pis pour nous.

En France, c'est toujours le même mécanisme : on prélève pour redistribuer. Ce « chèque réparation » sera d'ailleurs financé par une taxe sur les appareils neufs. Arrêtons de prélever, augmentons le pouvoir d'achat et laissons les Français libres de choisir ce qu'ils feront de leur argent. Qui sait, ils sont peut-être suffisamment intelligents pour comprendre qu'un appareil ancien qui fonctionne bien coûte moins cher qu'un neuf et que ce choix est plus écologique. Vous en connaissez beaucoup, vous, des gens qui achètent un lave-linge neuf à 500 euros alors qu'ils pourraient faire réparer l'ancien ?

Bonne nouvelle, ce coup de pouce va créer des emplois. D'ici peu de temps, cette nouvelle aide, comme toutes les autres, sera soumise à des conditions restrictives, deviendra variable en fonction du niveau de revenu, de l'exposition au soleil et de l'âge du capitaine. Comme les aides à la rénovation thermique des bâtiments qui sont devenues tellement complexes et changeantes que personne n'y comprend plus rien. Des conseillers spéciaux sont aussi apparus pour aider les demandeurs à se repérer dans le maquis administratif. En France tout finit, non pas avec des chansons, mais avec de la paperasse.

### 5. *Taxe foncière, le coup de bambou d'Emmanuel Macron*

La taxe foncière, redevance annuelle payée par les propriétaires, que ce soit pour leur résidence principale ou secondaire, pourrait augmenter de 7 % en 2023.

La taxe foncière est calculée à partir de deux éléments : la base, c'est-à-dire une estimation du loyer fictif que vous paieriez si vous n'étiez pas propriétaire, et le taux de prélèvement, qui varie selon les communes. En appliquant le taux de prélèvement sur la base, on obtient le montant de l'impôt foncier. Or la base a été augmentée d'environ 7 % en 2023, ce qui correspond au montant de la hausse des prix. Si cette revalorisation se conjugue avec une hausse du taux de prélèvement, l'augmentation sera au-dessus des 7 %.

La taxe foncière sert à financer les communes. Elle est la principale contribution des ménages au budget de leur ville. La taxe d'habitation, qui renflouait aussi les caisses des communes, disparaîtra complètement en 2024 pour les résidences principales – c'était le souhait d'Emmanuel Macron. Sa suppression n'étant pas complètement compensée par des transferts de l'État, cela entraîne mécaniquement une augmentation de l'impôt foncier. Je te donne d'une main, je te reprends de l'autre, on retrouve la bonne vieille technique fiscale. Le tout sur le dos des propriétaires, les seuls à rester imposés. Les locataires, eux, profitent de la suppression de la taxe d'habitation sans contrepartie. Et le propriétaire devient *de facto* la vache à lait des finances locales.

La crise énergétique et l'emballement des factures de gaz, pour chauffer les piscines par exemple, ou d'électricité, pour l'éclairage public, expliquent aussi les difficultés financières des communes. C'est un désastre pour les budgets municipaux. D'où la nécessité de compenser par une hausse des taxes… L'impôt sur le revenu n'est pas concerné. Il devrait progresser moins vite que les prix. Mais pour les autres, une augmentation est tout à fait possible. Soulignons au passage ce paradoxe qu'il y a à indexer les prélèvements sur la hausse des prix alors qu'on refuse de le faire pour les revenus, les salaires en particulier. Deux poids, deux mesures…

### *6. Hausse des salaires ? Non, de la masse salariale*

En 2022, selon le cabinet WTW, les salaires ont augmenté de 3,1 %. Pourtant, Geoffroy Roux de Bézieux, alors qu'il était patron du MEDEF, parlait, lui, d'une hausse de 6 %, voire de 11 %. Alors de combien nos salaires ont-ils vraiment progressé ?

Comme toujours avec les chiffres, tout dépend de ce que l'on mesure. C'est important dans ce domaine, car la hausse des prix est élevée, aux alentours de 6 % au début 2023.

Le chiffre de 3,1 % provient d'une enquête réalisée par le cabinet WTW, qui interroge des centaines d'entreprises sur leur politique salariale. Une moyenne est calculée à partir des données recueillies. + 3,1 %, c'est l'évolution du salaire d'un employé qui est resté dans la même entreprise et à la même fonction. C'est le cas de la plus grande partie des Français.

Les chiffres du MEDEF, eux, ne mesurent pas la même chose. Geoffroy Roux de Bézieux parle de masse salariale, c'est-à-dire des salaires versés par toutes les entreprises. Ils augmentent en effet de 11 %. D'où vient la différence ? D'abord des créations d'emplois. De nouveaux emplois, ça fait plus de rémunérations, donc une masse salariale en forte hausse. Mais ça ne change pas la situation financière de celui qui est en place, qui, lui, ne gagne pas davantage. Ce chiffre, tout en étant juste, est donc un peu trompeur.

Pour faire bonne mesure, il faudrait retirer les créations d'emplois. On arrive alors à l'autre chiffre cité par le dirigeant du MEDEF : + 6 %.

L'inconvénient de ce 6 %, c'est qu'il intègre les augmentations de salaire des Français qui ont changé de job dans l'année, souvent avec un coup de pouce salarial. Car c'est bien l'une des motivations pour changer d'employeur : gagner un peu plus. Mais ces augmentations liées à un changement de poste sont-elles significatives ? Si l'on veut mesurer une évolution, les deux situations comparées doivent être rigoureusement identiques. Ce doit être le même poste, la même qualification et le même employeur. Sinon, on mesure autre chose.

Les Français qui ont changé d'employeurs récemment sont plus nombreux que d'habitude, même s'ils restent minoritaires. C'est ainsi que s'explique le prétendu phénomène de la grande démission en France. Ce n'est pas que les salariés s'éloignent du monde du travail ou qu'ils ne veulent plus travailler. Ils profitent seulement d'une situation favorable sur le marché du travail pour gagner davantage, à un moment où la hausse des prix s'intensifie. Mécaniquement, plus on crée d'emplois, plus il y a de démissions, parce que ça crée un appel d'air. Résumons : le chiffre de 3,1 % est le plus près de la vérité. Celui de 11 % nous dit aussi quelque chose de vrai, mais de différent. Les chiffres sont ainsi :

quand on en prend un, il faut regarder de près sa recette.

### *7. Les Français moins productifs*

Encore 90 000 emplois de plus en France lors du premier trimestre 2023, après deux années éblouissantes. Un paradoxe car, sur la même période, la France était à l'arrêt. Comment peut-on créer de l'emploi alors que nous sommes en croissance zéro ? Plus troublant encore, si l'on compare la situation actuelle à celle de la fin 2019, juste avant l'épidémie de Covid, l'emploi est en plein boom : 1,3 million de postes de travail créés depuis cette date, soit un emploi salarié en progression de près de 5 %. Alors que la croissance sur la même période n'a augmenté que de 1 %.

Avec 5 % d'emplois en plus, on ne fait que 1 % de croissance en plus. Il y a donc 4 % de différence. Ça veut dire que chaque emploi français en 2023 produit 4 % de moins qu'en 2019. Dit autrement, la productivité française a chuté de 4 %. Les Français seraient-ils à ce point dégoûtés du travail qu'ils ne feraient plus d'efforts ? Le développement du télétravail a-t-il perturbé le fonctionnement des équipes ?

Un économiste de l'OFCE, Éric Heyer, développe des hypothèses intéressantes. Un, le boom de l'apprentissage aurait créé 250 000 nouveaux postes de travail. Or, un apprenti ne produit pas, il apprend, comme son nom l'indique. Production zéro, ou presque, sur ces postes. Deux, la persistance des aides Covid, en particulier des PGE, ces prêts du gouvernement aux entreprises pendant le confinement, ne sont pas encore remboursés, et ont donc permis la survie artificielle d'entreprises qui auraient dû disparaître. Près de 300 000 emplois supplémentaires en découleraient, des emplois non détruits ceux-là, mais qui jouent dans le solde. Et enfin, une durée du travail par salarié qui n'a toujours pas retrouvé son niveau d'avant le Covid, probablement à cause de l'envolée des arrêts de travail. Pierre Herbulot faisait récemment état d'une hausse de 40 %, en particulier chez les jeunes, selon une étude AXA. D'où un écart entre l'emploi et la production, parce que les salariés en arrêt restent chez eux.

Et à cela il faudrait ajouter encore l'effet des pénuries de certains composants, dans l'industrie automobile par exemple, les fameux semi-conducteurs qui ont manqué. Les constructeurs étaient empêchés de produire, mais n'ont pas licencié pour autant. Cela explique en partie le divorce entre emploi et production.

Le gouvernement a peut-être tort de considérer que le boom de l'emploi provient des réformes qu'il a faites. Il y a là aussi des facteurs exceptionnels.

### *8. Connecter l'assurance chômage au marché du travail*

La réforme de l'assurance chômage a été présentée le 22 novembre 2022 par le ministre du Travail Olivier Dussopt. Il y a désormais les chômeurs rouges et les chômeurs verts. L'idée de cette réforme est de faire varier, non pas le montant de l'indemnité chômage, mais sa durée, en fonction de la conjoncture.

Quand le marché du travail est dynamique comme en ce moment – rappelons que la France a créé plus de 90 000 emplois au dernier trimestre 2022 –, la période est verte et la durée d'indemnisation réduite, pour inciter les chômeurs à rechercher du travail plus vite. À l'inverse, dans un contexte défavorable – période rouge –, on étend la durée d'indemnisation pour protéger davantage les sans-emploi. Du bon sens.

Mais comment définit-on les périodes vertes et rouges ? Là, ça se complique. Lorsque le taux de chômage est au-dessus de 9 %, période rouge. Tout comme lorsqu'il augmente de 0,8 %. La période verte doit cumuler les deux critères : que le chômage soit en dessous de 9 % et qu'on ait enregistré une baisse de 0,8 % pendant au moins trois trimestres consécutifs. On n'a pas considéré les marées d'équinoxe ni la durée d'ensoleillement sur le temple d'Abou Simbel…

Concrètement, un chômeur senior qui est indemnisé pendant 36 mois aujourd'hui passera à 27 en période verte, et gardera 36 mois en rouge. Un sans-emploi qui a le droit à 12 mois aujourd'hui passera à 9 en période verte. En gros, le vert est inférieur de 25 % au rouge.

Actuellement, selon les critères retenus, nous sommes en vert. La réforme s'applique depuis le 1er février 2023 aux nouveaux chômeurs. En sont exclus les dockers, les marins-pêcheurs et les intermittents du spectacle, ces derniers ayant réussi une fois de plus à sauver leur régime spécifique, qui est beaucoup plus généreux que le droit commun.

N'oublions pas que dans le passé, ce sont souvent les difficultés financières qui ont motivé le durcissement du régime : les allocations diminuaient quand il y avait un déficit. Désormais, ce sera en fonction de la conjoncture, ce qui est quand même beaucoup plus juste.

### *9. URSSAF : l'expansion sans limites*

Le magot des retraites du privé fait l'objet d'un bras de fer entre le gouvernement et les partenaires sociaux. C'est un particularisme du système de retraite français. Les 20 millions de salariés du secteur privé cotisent non seulement pour la retraite de base, servie par la Sécurité sociale, mais aussi pour une retraite complémentaire. Cette complémentaire représentera entre 30 et 60 % de leur pension lorsqu'ils ne seront plus en activité.

Le mécanisme est voisin de la retraite de la Sécurité sociale : les salariés et leurs employeurs versent des cotisations sociales tous les mois à deux caisses, l'Agirc et l'Arrco, lesquelles servent les pensions aux retraités. Mais à la différence du régime général, cette retraite du privé est gérée par les syndicats et le patronat. Et elle est plutôt bien gérée. Elle ne connaît pas les déficits et a accumulé 60 milliards d'euros de réserves, pour d'éventuels temps difficiles. Ce qui n'est pas le cas de la caisse de retraite de la Sécurité sociale.

Le gouvernement veut transférer purement et simplement la collecte des cotisations à l'organisme public qui s'occupe déjà du régime de base, l'URSSAF. Pour une fois qu'un régime social est bien géré, et nul doute que les syndicats et le patronat s'en occupent en bons pères de famille, c'est évidemment tentant d'y mettre le bazar.

Officiellement, le but est de simplifier tout ça pour les entreprises, qui n'auraient plus qu'un seul organisme collecteur, avec une diminution des frais de gestion. Mais les mauvais esprits, qui ne sont pas toujours les moins clairvoyants, soulignent que les 60 milliards de réserves seraient fondus dans la masse et permettraient d'éponger les déficits existants, voire de financer de nouvelles prestations dans le cadre de la future réforme. Sans compter les excédents, si l'on repousse l'âge légal comme c'est envisagé, pour une économie de 7 milliards par an.

Les partenaires sociaux sont clairement contre. Ils redoutent les vases communicants, c'est-à-dire que l'argent de leurs adhérents ne soit utilisé au bénéfice d'autres. En fait, ils craignent qu'on ne leur refasse le coup de l'assurance chômage, qui a été purement et simplement étatisée, alors qu'ils en avaient la gestion. Le bilan était moins flatteur que pour l'Agirc-Arrco. Ils ont le soutien de nombreux parlementaires, en particulier au Sénat, qui a voté contre l'annexion.

La réforme devait déjà être appliquée au début de l'année 2022. Nouvelle tentative en 2023, nouvel échec. L'hostilité générale a obligé l'exécutif à battre en retraite, si l'on peut dire. Mais le projet n'est pas abandonné. Réaliser un tel coup de force à la veille d'une tentative de réconciliation avec les syndicats serait comme faire une demande en mariage avec un fusil chargé. Il n'est pas sûr que cela attendrisse les esprits.

### *10. La si pénible réforme des retraites…*

Depuis 1993, les réformes des retraites se succèdent en France. Pas moins de six en vingt ans, sans compter le projet présenté par le gouvernement d'Élisabeth Borne le 10 janvier 2023.

En 1991, Michel Rocard avait donc vu juste en déclarant à propos de la nécessité de réformer le système des retraites : « Il y a de quoi faire tomber cinq ou six gouvernements dans les prochaines années. » L'histoire mouvementée des réformes des retraites a causé des difficultés politiques profondes à chacun de ses initiateurs.

En 1993, Édouard Balladur a réalisé l'une des réformes les plus importantes. À l'époque, son gouvernement instaure trois dispositions qui visent à augmenter les ressources et limiter les dépenses : on passe de 150 à 160 trimestres de cotisation, soit de 37,5 à 40 ans ; le calcul de la pension est fait à partir des 25 meilleures années de carrière au lieu de 10 ; les retraites sont indexées sur les prix et non plus sur les salaires.

6 personnes sur 10 perdront au moins 9 % de pension à l'occasion de cette réforme. Le projet de 2023, qui est jugé relativement dur, l'est en fait beaucoup moins que les précédents. En tout cas concernant le niveau des pensions. La France des années 1990 avait sans doute une perception différente de la justice sociale. Celle des années 2020 s'en tient à une question comptable : donner l'impression d'un équilibre budgétaire possible.

## *11. … déjà de retour dans cinq ans ?*

71 milliards d'euros : c'est le déficit annuel de notre système de retraites selon Jean-Pascal Beaufret, ancien haut fonctionnaire et directeur

général des Impôts à Bercy, si l'on tient compte de toutes les subventions versées par l'État. Quand bien même notre système de retraites affiche un équilibre apparent, une telle somme représente un déficit annuel de 2,8 % du PIB à cause du déséquilibre démographique. C'est dans la fonction publique qu'il est le plus prononcé mais tous les régimes français sont en déficit.

En fait, aucune réforme des retraites ne réglerait une fois pour toutes le problème. Chaque réforme est condamnée à être temporaire : si bien que, depuis trente ans, les projets et les crises se succèdent et qu'en moyenne chaque réforme dure cinq ans.

Le drame du système français réside dans l'évolution démographique défavorable, la diminution continue du nombre de cotisants par rapport au nombre de retraités. On est passé de 4 en 1970, à 1,7 aujourd'hui. Et cela va encore baisser. Ce qui compromet le financement du système.

Au-delà des conflits, des manifestations et de l'entêtement du président de la République, le vieillissement est inéluctable. Qui dit vieillissement dit plus de retraités, donc plus de pensions à financer. Ensuite, nous avons un État-providence très important, et nous en voulons toujours plus. Pour l'étendre, par exemple pour le quatrième âge, on peut bien sûr continuer d'augmenter les impôts, mais on risque de tuer la bête. Mieux vaut privilégier l'économie, en travaillant davantage, pour accroître les revenus des cotisations. Car, en France, on travaille moins qu'ailleurs. La quantité d'heures travaillées par habitant est la plus faible du monde développé. On a de la marge.

### *12. Ces 35 heures qui nous freinent encore*

« 35 heures par semaine » : entonné depuis les 110 propositions de François Mitterrand, ce slogan n'a pas quitté l'imaginaire de la gauche depuis l'instauration des 40 heures en 1936. Pourtant, Mitterrand ne choisira de diminuer le volume horaire hebdomadaire que d'une petite heure et il faudra attendre le gouvernement Jospin pour voir cette réforme prendre vie dans nos habitudes et changer notre rapport au travail.

Lorsque Lionel Jospin devient Premier ministre en 1997, il s'entoure de deux ministres spécialisés en économie : Martine Aubry et Dominique Strauss-Kahn, qui ressortira cette idée du placard. Une fois votées, les 35 heures par semaine seront appliquées en deux temps : les grandes entreprises mèneront la marche dès l'an 2000, suivies par les plus petites en 2002.

Cette réduction considérable du temps de travail a provoqué une onde de choc qui dépassa largement le cercle politique. Le chef d'entreprise Jean Gandois démissionnera avec fracas du Conseil national du patronat français (CNPF) dont il était le président. Le texte de loi ne prévoyait pas uniquement un passage aux 35 heures, mais des allègements de charges sur les bas salaires pour que l'État puisse partiellement financer cette mesure sans précédent.

On reproche aux 35 heures d'avoir augmenté le coût du travail et d'avoir entaché notre compétitivité à l'échelle européenne au moment du passage à la monnaie unique, alors que l'Allemagne allongeait à l'inverse le temps de travail avec la loi Hartz. À l'échelle nationale, l'économie française a souffert de cette augmentation indirecte du coût de la main-d'œuvre, chiffrée à 11 %. Dans le temps long, c'est l'idée même de travail qui en a pâti.

## *13. Le coût des arrêts de travail*

Plus de 14 milliards d'euros, voilà ce que coûtent nos arrêts de maladie à la Sécurité sociale, soit près de 8 % de plus qu'en 2022. Le nombre d'arrêts, lui, a progressé de 30 % en dix ans selon Bruno Le Maire, notre ministre de l'Économie. Geoffroy Roux de Bézieux, l'ancien patron du MEDEF, déplorait récemment les arrêts de travail de complaisance, concentrés sur le vendredi et le lundi, autour du week-end.

Cette progression est en partie due à un effet statistique, la croissance de l'emploi en 2022, qui augmente mécaniquement la base. Il y a encore les effets de traîne du Covid-19. Mais cela ne suffit pas à expliquer l'envolée. Celle-ci est corroborée par un autre chiffre, provenant d'une enquête AXA : 44 % des salariés ont été arrêtés au moins une fois en 2022, contre 30 % en 2019, avant la crise sanitaire. Il s'est bien passé quelque chose.

Il s'agit d'une progression des arrêts causés par des pathologies psychologiques, anxiété, burn-out, en particulier chez les jeunes. S'agit-il d'un changement de rapport au travail, conséquence de la désocialisation qu'ont déclenché le Covid et le confinement ? Possible. Possible aussi qu'une partie de cette envolée soit causée tout simplement par la déresponsabilisation générale.

Le patronat propose un jour universel de carence, à la charge exclusive du salarié. C'est-à-dire que le premier jour d'arrêt serait non payé, quelle que soit la durée de l'arrêt et quel que soit l'employeur, sauf pour les interventions chirurgicales et les maladies chroniques.

La piste a été explorée dans la fonction publique avec des résultats mitigés, puisque, après la mise en place de ce jour de carence, la durée moyenne des arrêts s'est allongée, comme si les salariés voulaient se venger d'avoir à en payer une partie. Cela ne suffirait donc pas.

En complément, on pourrait imaginer des contrôles, pour les médecins d'abord. Les syndicats de médecins sont contre, y voyant une atteinte à la liberté de prescrire. Reste que l'écart par rapport à la moyenne est significatif : un médecin qui prescrit durablement deux fois plus d'arrêt de travail que ses confrères, avec une patientèle comparable, ce n'est pas normal. Il n'y a pas de raison de ne pas le lui signifier.

Ce qui vaut pour les médecins vaut pour les entreprises : un employeur qui subit deux fois plus d'arrêts de travail que les entreprises comparables mérite aussi qu'on l'alerte sur les conditions de travail dans ses établissements. En résumé, il faudrait introduire un peu de responsabilité chez chacun des acteurs : salarié, employeur et médecin. Faute de quoi, c'est encore le contribuable qui va payer la note.

## *14. Patrick Pouyanné, le Karim Benzema de l'entreprise française*

Le 18 octobre 2022, Patrick Pouyanné, le patron de Total, s'est exprimé sur Twitter pour justifier sa rémunération de 6 millions d'euros annuels. Ses propos ont déclenché une tempête. Pourtant, quelques jours plus tôt, Karim Benzema, lorsqu'il avait reçu la plus haute distinction footballistique individuelle, s'était présenté comme le « Ballon d'Or du peuple » sans choquer quiconque alors qu'il gagne 10 millions d'euros par an.

Patrick Pouyanné paye ses impôts en France. Il a à sa charge quelque 100 000 salariés et dirige une compagnie qui est un atout de la souveraineté française. Autant dire que sa responsabilité est lourde. L'attaquant de l'équipe de France, lui, fait payer ses impôts par le club qui l'emploie et sa responsabilité sociale est réduite.

Deux talents dans leur domaine, l'un reconnu, pas l'autre.

L'explication superficielle serait d'attribuer cela au contraste entre le plaisir, la passion que procure le football aux spectateurs d'un côté, et les contraintes du monde du travail de l'autre. Nous serions prêts à rémunérer les amuseurs, mais pas les stars du monde de l'entreprise, dont nous ne comprenons pas bien la virtuosité. Mais le mal est peut-être plus profond...

Si Karim Benzema en est arrivé là, il le doit à lui seul. Il n'a pas reçu de formation spécifique, et quand bien même en aurait-il eu, elle n'aurait pas garanti le talent exceptionnel qui est le sien. Les relations qu'il aurait pu avoir n'auraient rien fait pour lui : devant le but, il faut marquer. Les Français n'ont pas le même sentiment à propos de leurs patrons. Nos grandes écoles, dont sont souvent issus nos dirigeants d'entreprise, sont des instruments de reproduction sociale. Les dirigeants économiques et politiques constituent une élite relativement fermée, transmise de génération en génération. L'histoire d'un Benzema, d'un Zidane ou d'un Ribéry, symboles d'un ascenseur social prodigieux, permet au plus modeste de se hisser instantanément au plus haut. Cela fait rêver une part de chacun d'entre nous.

La richesse d'un patron, elle, n'est pas considérée comme légitime. En France, le dirigeant ne provient que rarement de la base de l'entreprise. Contrairement à l'Allemagne, où il est fréquent de voir un PDG avoir débuté comme apprenti et grimpé les échelons à la force du poignet. La querelle sur le salaire des patrons, au fond, souligne que l'entreprise française n'est pas un ascenseur social.

### *15. C'est une bonne situation, ça, député ?*

7 500 euros brut, c'est la fiche de paie mensuelle de nos parlementaires. Cette somme place les députés parmi les 3 % des Français les mieux rémunérés aujourd'hui, révèle une étude de l'Institut des politiques publiques (IPP) réalisée par deux chercheurs, Étienne Ollion et Éric Buge.

De 1945 à 2000 environ, les députés figuraient parmi les 1 % les mieux payés, quasiment sans interruption. Depuis la fin des années 1990, leur niveau de vie relatif baisse de façon continue pour arriver dans les 3 %. Sous l'effet d'une moindre revalorisation, et aussi du fait que le remboursement des frais se substitue en partie aux revenus, un élu touche aujourd'hui, en plus de son salaire, une indemnité pour frais d'un peu plus de 5 000 euros par mois. Si l'on prend en compte l'interdiction du cumul des mandats, ceux de député et de maire par exemple, la chute de revenus est encore plus importante.

En 1906, un député gagnait 7 fois plus qu'un ouvrier moyen, une fois déduits les frais de mandat. Au cours du XXIe siècle, ce rapport varie de 3 à 5. Et nous sommes aujourd'hui au point le plus bas, à égalité avec les années 1920, aux alentours de 3.

Les députés décident eux-mêmes de cette indemnité parlementaire, née en 1789, sous l'œil toujours très critique de leurs administrés. L'étude raconte que chaque revalorisation a déclenché de violentes polémiques. Par exemple, en 1906, les élus s'étaient attribué un saut de 50 % pour arriver à 15 000 francs de l'époque. Une belle somme qui leur vaudra le surnom de « Quinze-millistes ».

L'IPP, dans une autre étude, a également observé le milieu social duquel sont issus nos députés. Sur le cru des dernières élections législatives, l'Assemblée est assez peu représentative de la population. Les catégories populaires reviennent de façon limitée au Rassemblement

National et à La France Insoumise, avec les ouvriers et les employés. Ces deux catégories sociales sont quasiment absentes des autres formations politiques.

La catégorie intellectuelle dite supérieure, celle des enseignants, des médecins et des avocats, est la mieux représentée au sein de l'Assemblée nationale. Elle compte pour 60 % du bloc gouvernemental et du Parti Socialiste, c'est-à-dire près de trois fois plus que dans la population générale. C'est sensiblement moins au Rassemblement National, à La France Insoumise et surtout au Parti Communiste.

## *16. L'obsession bien française des conflits d'intérêts*

Un ancien ministre n'a pas le droit de se reconvertir dans le secteur privé, c'est la curieuse situation à laquelle nous sommes arrivés. Encore une dinguerie française, avec les conséquences dramatiques de la législation sur la transparence. La plus belle de ces mésaventures : celle de Cédric O, l'ancien secrétaire d'État chargé du Numérique entre 2019 et 2022.

Résumons. En sortant du gouvernement, il veut se reconvertir. Une entreprise française dans les technologies de l'information, Atos, lui propose de rejoindre son conseil d'administration en tant qu'indépendant. Il faut faire valider la proposition par la Haute Autorité pour la transparence de la vie publique, la HATVP. Cette dernière refuse, au motif que des subventions publiques ont été accordées à Atos par le ministère, à l'époque où Cédric O le dirigeait. L'impétrant s'explique, les subventions ont en réalité été attribuées par le Premier ministre dans le cadre de plans sectoriels. Rien n'y fait. La HATVP dit non, et le Conseil d'État confirme. Motif ? La suspicion de conflit d'intérêts potentiel : le poste d'administrateur proposé à notre ex-ministre pourrait être la contrepartie de l'argent reçu auparavant par l'entreprise.

D'autres cas reposent sur le même risque supposé. Roselyne Bachelot, ex-ministre de la Culture, s'est vue interdire par la même autorité de faire une chronique et un podcast pour France Musique, parce qu'elle avait, dans ses fonctions officielles, la tutelle de l'audiovisuel public. Jean Castex, nommé à la tête de la RATP, lui, n'a pas le droit de prendre l'initiative de contacts avec les ministres qu'il supervisait lorsqu'il était chef du gouvernement. Ce qui veut dire que le patron des transports publics parisiens ne peut pas téléphoner au ministre des Transports. Il doit attendre qu'on l'appelle. On marche sur la tête.

En fait, toute la haute fonction publique est concernée par ces conflits d'intérêts possibles. Avec des situations cocasses. Les patrons d'une direction de l'administration ou d'une autorité indépendante comme l'Agence de sécurité informatique ne peuvent pas travailler dans le privé, puisqu'ils sont potentiellement en contact avec tous les secteurs… Sauf, c'est le paradoxe, s'ils partent pour une entreprise étrangère, où ils ne seraient pas concernés par les obligations frappant les entreprises françaises. Un appel à ne pas rejoindre les Français, c'est un comble, surtout pour des individus qui vouent une part de leur carrière au service public, au prix de salaires souvent plus faibles que dans le privé !

Cette contrainte dure trois ans après avoir quitté ses fonctions dans l'administration. Une très longue durée. En outre, il est à craindre, sur le moyen terme, que l'on ne trouve plus de personnalités prêtes à devenir ministres et que l'administration ne puisse pas recruter dans le privé. Parce que les candidats potentiels craindront de ne pas pouvoir retrouver un bon poste. Sauf à faire toute leur carrière restante dans la politique ou l'administration. Non pas qu'il faille renoncer au contrôle des conflits d'intérêts. Mais sans doute les apprécier de façon moins stalinienne.

### *17. LVMH, une dynastie à part*

La succession se prépare à la tête d'un empire économique français. Une entreprise d'envergure, la première d'Europe : LVMH, le champion du luxe, fondée et dirigée par Bernard Arnault. Un empire aux 75 marques, avec Louis Vuitton et Dior dans la mode, Moët Hennessy et Ruinart dans les champagnes, les bijoux Tiffany ou encore les montres TAG Heuer.

Deux des enfants du patron ont été promus à des postes clés de l'entreprise. Le 11 janvier 2023, Delphine, la fille aînée, a été nommée à la tête de Dior. Le mois précédent, Antoine, l'un des fils, a été intronisé patron de la holding familiale. Les trois autres enfants travaillent aussi dans l'entreprise.

Bernard Arnault est aujourd'hui le patron total et incontesté. Il décide de tout, supervise tout. Ni les salariés ni les actionnaires de LVMH n'ont à s'en plaindre, compte tenu de la trajectoire éblouissante de cette entreprise, partie de rien il y a trente-cinq ans lorsqu'il l'a rachetée.

À la Bourse, LVMH vaut aujourd'hui 400 milliards d'euros. Néanmoins, le patron a 73 ans et ne peut en théorie aller au-delà de 80. La succession se prépare donc progressivement, avec la mise à l'épreuve des héritiers, qui accèdent à des positions exposées.

Tous les patrons des entreprises familiales, c'est-à-dire dirigées et/ou contrôlées par une famille, assurent que le sang ne doit pas prévaloir sur la compétence. Ce qui ne les empêche pas de mettre presque toujours en place un ou une héritière. Il faut reconnaître que les successions sont généralement plus réussies dans les boîtes familiales que dans les autres entreprises. Probablement parce que l'histoire, la culture familiale, la transmission d'un capital social et des valeurs permettent de former l'héritier.

Chez les Mulliez, propriétaires d'Auchan, de Décathlon ou de Leroy Merlin, on organisait auparavant une sorte d'académie estivale avec tous les jeunes de la famille élargie pour repérer les futurs talents. Il arrive pourtant qu'on n'en trouve pas, comme chez Norbert Dentressangle, le transporteur vendu en 2015 à un Américain pour plusieurs milliards, faute de motivation des enfants pour reprendre l'entreprise.

Les sociétés familiales sont bien mieux gérées que les autres. La banque Crédit suisse a constaté que la rentabilité de ces entreprises était en moyenne supérieure de 3,7 % par an à celle des autres. Ce qui change, c'est l'attention portée au long terme, à cause du désir de transmettre aux futures générations. Selon UBS, 70 % du PIB mondial serait réalisé par des entreprises familiales. Parce qu'elles sont efficaces, mais aussi parce qu'elles sont très nombreuses. De tout temps, capitalisme et famille ont eu partie liée.

### *18. Les vrais perdants de l'inflation*

L'inflation est revenue en 2021-2022, après quarante ans d'absence. Les fabricants nous expliquent que c'est à cause de la hausse des matières premières, du lait, de la farine, de l'emballage, et bien sûr de l'énergie. Et qu'ils sont obligés de répercuter ces surcoûts dans leurs prix de vente, au détriment du consommateur.

C'est en partie vrai. Ce qui est frappant dans cette vague d'inflation, c'est que les entreprises ont réussi à « repasser » au client final la quasi-totalité de leurs surcoûts. Contrairement à ce qui s'était passé lors de la dernière vague inflationniste des années 1970 et 1980, où elles avaient été contraintes de réduire leurs marges.

Rien de tel cette fois, au moins pour les grandes entreprises, qui ont maintenu et même augmenté leurs profits ! Le géant Unilever – la glace Carte d'or, le thé Lipton ou la moutarde Amora –, profits 2022 : + 25 %. Le monstre suisse Nestlé, bénéfice par action en 2022 : + 9,2 %, avec un dividende pour les actionnaires en hausse pour la 28e année consécutive. Mondelez, avec les marques Lu, Milka ou Hollywood Chewing gum : + 9,9 % de croissance du bénéfice par action. Coca-Cola, marges en hausse sensible. Quant à Procter et Gamble, autre géant américain de la grande consommation, très présent dans les rayons de nos supermarchés avec les marques Gilette, Pampers ou la lessive Ariel, bénéfices également en hausse, et 19 milliards versés aux actionnaires sur 80 milliards de chiffre d'affaires. En 2022, sur les 16 euros que vous avez payés un rasoir Gilette avec ses lames, il y en a 4 qui sont partis chez les actionnaires de l'entreprise !

C'est donc le consommateur qui a payé une bonne partie de la facture de l'inflation et même au-delà, alors que l'entreprise et ses actionnaires ont été épargnés. Pour les ménages, la douloureuse a été d'autant plus salée que les salaires, eux, n'ont pas suivi la hausse des prix. D'où une perte de pouvoir d'achat.

Ce phénomène inédit a été baptisé par les économistes « greedflation », provenant de *greed*, l'avidité, celle dont les entreprises ont fait preuve en profitant du mouvement général de hausse des prix pour augmenter leurs profits.

### *19. La bonne vieille critique des patrons face à l'État*

En 2022, le patron des patrons, le président du MEDEF, estimait que l'État était le grand profiteur de la crise, avec 27 milliards d'euros de recettes fiscales supplémentaires en 2021, reprenant ainsi une critique traditionnelle de l'entreprise vis-à-vis de la sphère publique. 13 milliards au titre de l'impôt sur les sociétés, à cause des bénéfices records des entreprises, 10 milliards de TVA supplémentaires, grâce au surcroît de consommation, et 3,5 milliards d'impôt sur le revenu. Geoffroy Roux de Bézieux aurait même pu ajouter 8 milliards de recettes non fiscales. Au total, sur les six premiers mois de l'année, l'État a engrangé 35 milliards d'euros supplémentaires. 25 % de plus qu'en 2020.

Mais ce que ne dit pas Geoffroy Roux de Bézieux, c'est que cet argent a été largement redistribué aux Français. C'est nous qui en avons profité. Sous la forme de différentes aides pour lutter contre l'inflation, les fameux boucliers tarifaires, le blocage des prix du gaz et de l'électricité, qui coûtent plusieurs dizaines de milliards d'euros sur un an. La prévision de déficit français n'a d'ailleurs pas changé : on est resté à 5 % du PIB, ce qui est un chiffre élevé.

L'État n'a pas profité de cet argent. On pourrait d'ailleurs le lui reprocher. En 2020, au moment de la crise du Covid, il s'est endetté pour protéger les Français. Ensuite, c'est la reprise : il engrange en principe un surplus fiscal destiné à rembourser les dépenses réalisées. Et voilà qu'une nouvelle crise se présente, avec la hausse des prix de l'énergie, et qu'il dépense à nouveau, toujours pour protéger les Français.

À ce rythme, il ne sera pas facile de rétablir les finances publiques, qui en ont d'autant plus besoin que le niveau des taux d'intérêt de la dette publique française ne cesse de grimper. Au moment du Covid, ils étaient à zéro. À la fin du mois d'août 2022, ils avaient atteint 2,14 %. Ce n'est pas pareil. Un point d'augmentation des taux, ce sont plusieurs milliards de coûts supplémentaires pour la dette.

Pourquoi le président du MEDEF met-il ainsi en cause l'État ? Parce que les grandes entreprises étaient alors menacées d'une taxation sur ce qu'on appelle désormais les « super-profits ». La vindicte est quasi générale. Que vous écoutiez un responsable de l'extrême gauche ou des Républicains, il n'est question que de faire rendre gorge aux méchantes grandes entreprises qui se goinfrent sur le dos des consommateurs. Même la Première ministre a évoqué cette idée.

Il est vrai que les profits ont été anormalement élevés. 160 milliards au total pour le CAC 40 en 2021, c'est un record absolu, qui s'explique largement par la reprise anormale qui a suivi les confinements. Mais l'impôt est-il la solution ? On peut en douter. D'abord parce que les profits faits par les grandes entreprises sont largement réalisés à l'étranger, et qu'ils sont déjà taxés là-bas. Ensuite parce qu'un impôt de plus, c'est un handicap supplémentaire pour la compétitivité française.

## *20. TotalEnergies, un atout pour la France*

Depuis l'apparition du débat autour des « super-profits », TotalEnergies concentre toute la charge symbolique de l'attaque. En 2022, en effet, l'entreprise a enregistré un bénéfice net de 19 milliards d'euros, le plus important de son histoire.

En écoutant les échanges nourris entre Patrick Pouyanné, le grand patron de l'entreprise, et les députés qui l'ont interrogé le 9 novembre 2022, on comprend cependant que les velléités de taxation des surprofits sont bien souvent déconnectées de la réalité.

En effet, TotalEnergies réalise la quasi-totalité de ses profits à l'étranger. Or, le gouvernement français a signé plus d'une centaine de conventions fiscales bilatérales avec les autres États, qui lui interdisent de taxer les sommes gagnées dans d'autres pays. L'activité de Total sur le sol français est même en perte depuis 2019. Et ne devrait dégager en 2022 « que » 600 millions d'euros, une somme insuffisante pour nourrir les super-taxeurs.

Total paye 30 milliards d'euros d'impôts à l'international. Pour l'essentiel, ces prélèvements sont effectués par les pays où TotalEnergies produit, c'est-à-dire où l'entreprise extrait du pétrole et du gaz. La Norvège, par exemple, taxe cette activité à hauteur de 78 %. Les impôts acquittés par TotalEnergies sont le prix à payer pour exploiter les ressources de ces pays.

Comment TotalEnergies utilise-t-elle ses profits ? Une grande partie va à l'investissement. Comme l'a révélé Patrick Pouyanné, 4 milliards d'euros par an sont investis dans les énergies renouvelables. Le groupe dépense 1,2 milliard par an pour transformer ses raffineries françaises, alors même que la consommation d'essence dans notre pays est appelée à décliner. Cette année, 500 millions d'euros ont servi à financer la baisse du prix du carburant dans les stations du réseau.

Les fameux dividendes pour les actionnaires représentent un peu plus de 8 milliards d'euros en 2022, comme en 2021, hors rachats d'actions. À cela s'ajoutent les rachats d'actions pour un montant comparable. L'entreprise dépense donc des milliards d'euros pour racheter ses propres actions sur le marché dans le but d'en faire monter le cours, ce qui profite aux détenteurs de titres.

Une entreprise avec un cours de Bourse faible est la cible des autres qui peuvent la racheter facilement. La France serait-elle en meilleure forme si TotalEnergies devenait britannique ou américaine ? Pas sûr.

Et il faut encore comparer les chiffres. TotalEnergies verse à ses actionnaires 35 % de l'argent disponible. Ce taux monte à 45 % chez les pétroliers américains, qui sont donc plus attractifs pour les investisseurs avec un cours de Bourse plus élevé.

### *21. Le prix de l'énergie met les Européens sous tension*

Le 20 octobre 2022, les pays européens se sont réunis à Bruxelles pour un sommet sur l'énergie. Les dirigeants des États membres se sont empoignés sur une question qui concerne tous les Français : comment plafonner les prix du gaz et de l'électricité ?

À cause de la guerre en Ukraine, les prix sont devenus exorbitants sur le marché de gros. Le gaz monte parce que la Russie en exporte moins, à la fois en raison des restrictions imposées par l'Europe et des coupures de Moscou. En 2022, la situation était tout aussi catastrophique du côté de l'électricité : son prix a été tiré à la hausse, mécaniquement, par celui du gaz, car bon nombre de centrales fonctionnent avec cette énergie.

Dans les deux cas, la spéculation aggrave considérablement les choses et les Européens ont beaucoup de mal à s'accorder sur le principe du plafonnement. Comme le défend Paris, il paraît pourtant logique de bloquer ces prix qui asphyxient l'économie du continent. Mais les pays du Nord, l'Allemagne au premier chef, se montrent très réticents, en mettant en avant deux bons arguments.

D'abord, le blocage des prix du gaz et de l'électricité nous entretient dans la dépendance vis-à-vis des énergies fossiles. Ensuite, le risque de plafonner le prix est de ne pas être livré par les producteurs. Ces derniers préféreront vendre à ceux qui payent plus cher, plutôt qu'à ceux qui demandent un rabais. L'argument est solide, mais l'Europe bute sur une réalité indépassable : elle est loin d'être autosuffisante en matière de gaz…

## *22. Notre électricité pollue*

Comme tous les matins, en 2022, nous avons utilisé l'électricité pour la lumière, le grille-pain, la cafetière, le chauffage, sans savoir qu'elle a pollué davantage que l'année d'avant.

Les chiffres sont édifiants : la France émettait alors en moyenne 172 g de carbone par kWh consommés. En 2021, c'était 72 g, c'est-à-dire presque 2,5 fois moins qu'aujourd'hui. La France, qui était un pays modèle grâce à son électricité décarbonée, a pendant un certain temps dégringolé dans ce classement.

Que s'est-il passé ? Nous avons arrêté une dizaine de nos réacteurs nucléaires, qui produisent une énergie sans carbone, à cause de la maintenance et des problèmes de corrosion. Du coup, le nucléaire ne comptait plus que pour moitié de notre électricité. Pour compenser, on a remis en service la production d'énergie au charbon, qui pollue davantage. Par exemple, le 5 décembre, à 17 heures, 2,5 % de l'électricité que nous produisions venait du charbon, ce qui représentait 13,5 % de nos émissions et 11 % du gaz, sans compter les importations d'électricité.

La France a longtemps été un pays exportateur important ; en 2022, elle est devenue importatrice, parce que nous n'étions plus autosuffisants. Le 5 décembre toujours, 16 % de l'électricité que nous consommions était importée, principalement d'Espagne, du Royaume-Uni et d'Allemagne, pays qui présentent des bilans carbones plus mauvais que les nôtres, car l'électricité allemande provient pour les deux tiers de source carbonée, principalement du charbon.

Dans les pays européens, il y a trois groupes :

— les bons : la Norvège, la Suède et l'Islande, qui sont aux alentours de 30 g de carbone par kWh principalement grâce aux barrages électriques et à l'éolien. La France aussi, lorsque son parc de centrales nucléaires fonctionne correctement ;

— les moins bons : l'Espagne, le Portugal, la Croatie, la Serbie, aux alentours de 200 g (7 fois plus d'émission que les bons !) ;

— les mauvais : l'Allemagne, les Pays-Bas, l'Italie, l'Autriche, la Tchéquie, avec une forte composante charbon. L'Allemagne était début décembre à 674 g : c'est vingt fois plus que les bons. Et le super-mauvais : la Pologne, un désastre, à près de 1 000 g de carbone par kWh.

La performance globale de l'Europe n'a rien de remarquable. Les chiffres sont à peu près les mêmes qu'aux États-Unis, où la situation varie selon les régions. L'Amérique du Sud est bien meilleure, grâce au puissant réseau fluvial du Brésil et à l'énergie solaire au Chili. Au total, le Chili a un bien meilleur bilan que celui de la France.

Les meilleurs au monde, ce sont la Suède, la Norvège, certaines provinces du Canada et du Brésil, la Nouvelle-Zélande et le Costa Rica. Dans tous les cas, c'est grâce aux barrages hydroélectriques. Les plus mauvais, ce sont les Canaries espagnoles, Chypre, la Pologne, certaines régions indiennes, et, à chaque fois, c'est à cause du charbon. Quant à la Russie et la Chine, elles ne sont pas classées parce qu'elles ne fournissent que des chiffres partiels mais les deux utilisent massivement du charbon…

## *23. EDF, une nationalisation stratégique*

On y est. L'État a racheté les 16 % du capital d'EDF qu'il ne détenait pas encore pour en faire une entreprise 100 % publique. Ou plutôt refaire. Pendant la plus grande partie de son histoire, EDF a été intégralement publique.

Ce retour au point de départ s'explique par la situation financière de l'entreprise. EDF a affiché en 2022 une perte de 17,9 milliards d'euros. Le groupe était menacé de ne plus pouvoir se financer, d'autant que sa dette atteignait les 64,5 milliards d'euros. Désormais garantie intégralement par l'État, EDF ne peut plus faire faillite.

Pourtant, les prix de l'électricité n'ont jamais été aussi élevés. Pourquoi ? Parce que l'entreprise avait vendu en avance sa production, comme elle le fait d'habitude, alors que les prix étaient encore normaux. Au début 2021, le MWh était à 50 euros. Mais entre la vente et la livraison, plusieurs centrales sont tombées en rideau à cause de la maintenance et des problèmes de corrosion sur des circuits de refroidissement. Et la Russie a envahi l'Ukraine. Les prix ont explosé, dépassant les 1 000 euros cet été. Empêché de produire, le groupe était pourtant lié par des contrats de vente signés. Il s'est trouvé obligé de racheter de l'électricité à prix d'or sur le marché pour le revendre aux prix très bas convenus en 2021. Coût de l'opération : 29 milliards d'euros pour l'année 2022. Depuis, fort heureusement, les comptes se sont améliorés. La dimension budgétaire n'est plus vraiment en cause.

En fait, la renationalisation d'EDF est stratégique. La France est à la veille de lancer la construction de six nouvelles centrales, des EPR (*European Pressurized Reactor* (« réacteur pressurisé européen »)). Huit autres pourraient être annoncées en supplément. Ces investissements représentent des dizaines de milliards d'euros.

Des chantiers gigantesques que seul l'État peut piloter et financer sur le long terme.

Une raison idéologique est aussi à l'origine de ce choix du gouvernement. Le monde a changé. Il y a vingt ans, lors de la privatisation d'EDF et de GDF, on pensait que ce nouveau marché allait permettre de proposer des prix plus attrayants pour le consommateur et d'éviter les pénuries. Mais la guerre en Ukraine a tout bouleversé.

Lors des périodes de crise, le marché ne fonctionne pas. D'où les prix délirants que l'on connaît aujourd'hui. Une profonde réforme du système européen de l'énergie, à la fois dans son fonctionnement et dans ses infrastructures, est nécessaire. Les États vont le faire, ils sont les seuls à avoir les épaules pour mener un tel chantier.

## *24. Le nucléaire aussi a un coût !*

C'est le nouveau projet d'Emmanuel Macron : construire six réacteurs nucléaires. Six EPR, c'est un peu plus de 50 milliards d'euros à trouver, pas loin du budget annuel de l'Éducation nationale. Le premier EPR construit, celui de Flamanville, aura coûté à lui seul pas moins de 20 milliards d'euros, à cause des innombrables retards et surprises qui accompagnent souvent les prototypes.

En 1974, quand Pierre Messmer, alors Premier ministre, a lancé ce gigantesque programme industriel, nous avions des circuits de financement pilotés et garantis par l'État, à des taux d'intérêt avantageux. Tout cela a volé en éclats progressivement, au profit de financements bancaires classiques. Mais quelle banque privée prendra le risque de financer des opérations aussi complexes et longues, avec de tels aléas dans la réalisation et dans l'exploitation ?

Arrêtons-nous un instant sur le cas du Royaume-Uni, qui s'est lui aussi lancé dans un programme nucléaire. Plusieurs projets ont déjà été mis en péril à cause du financement. Celui d'Hinkley Point, déjà lancé, et en partie porté par EDF, a fait démissionner le directeur financier de l'entreprise, il y a quelques années. Celui de Sizewell a dû être complètement reformaté à cause du départ du partenaire financier et industriel chinois, jugé dangereux, en raison des risques stratégiques de piratage des technologies.

L'une des idées qui circule est de mobiliser l'épargne des Français pour financer ce programme industriel hors normes. Soit avec un grand emprunt public, en contrepartie d'une rémunération. Soit en pompant dans les encours du livret A, l'argent déposé par les Français, où se trouvent plus de 400 milliards d'euros.

Le problème, c'est que ces sommes servent en principe à financer la construction de logements sociaux, un secteur qui en a grand besoin. Tout cela nous reconduit plus largement à la question du financement de la transition énergétique. Car il y a les centrales, mais aussi le renouvelable, la décarbonation de l'industrie et des transports. Une évaluation récente chiffrait le tout à 75 milliards d'euros d'investissements par an.

## *25. La voiture électrique crée de nouvelles dépendances*

On entend parfois que l'économie décarbonée, sans hydrocarbures, va permettre de restaurer notre souveraineté énergétique, c'est-à-dire de ne plus faire des ronds de jambe à tel ou tel prince arabe ou dictateur. Cette analyse est complètement fausse. En passant du pétrolc à l'électricité, nous allons passer d'une sujétion à une autre.

Pour que le nucléaire fonctionne, il lui faut du combustible, l'uranium. Il est introuvable sous le pavé des villes françaises. Il faut l'importer du Niger ou du Kazakhstan, voire de Russie. Même en pleine guerre, les Français continuent d'acheter de l'uranium retraité à Rosatom, une société russe. Les Américains font la même chose pour leurs réacteurs.

Et quand bien même vous vous passeriez du nucléaire pour n'utiliser que l'électricité solaire ou éolienne, il vous faudrait des métaux stratégiques pour faire les batteries, comme le nickel, le cobalt ou le lithium. Ressources qui sont difficilement accessibles. Pour le cobalt, 50 % des réserves naturelles mondiales se trouvent dans un seul pays, la République démocratique du Congo. Pour le lithium, 90 % de la production provient de trois pays seulement, l'Australie, la Chine et le Chili. Surtout : 60 % de la production mondiale est raffinée en Chine.

Sachant qu'une voiture électrique contient un bon poids de lithium, la demande va littéralement exploser avec l'interdiction des voitures à essence en 2035. Les cours de lithium ont déjà été multipliés par 5 en un an. Et l'Union européenne commence à constituer des stocks stratégiques.

### *26. Le retour des mines en France*

Et si le territoire français avait du minerai ? Imérys, une entreprise minière française, va commencer en octobre 2024 des explorations dans le département de l'Allier, tout en étant assez prudent sur les perspectives. Le but serait de produire 34 000 tonnes de lithium par an, sur 75 hectares. Il y aurait de quoi équiper 700 000 batteries de voitures électriques. C'est tout simplement le plus gros projet minier en métropole depuis plus d'un demi-siècle, avec 1 000 emplois directs et indirects, en exploitation à partir de 2028.

La dernière mine de charbon du Pas-de-Calais a fermé en décembre 1990. Le bassin houiller du Pas-de-Calais, l'un des plus grands gisements de charbon d'Europe, a connu son apogée en 1930. Le début de l'exploitation remonte à la moitié du XVIIIe siècle, avec la compagnie des mines d'Anzin, fondée en 1757. Celle-ci deviendra l'une des sociétés les plus prospères de l'époque, un peu comme Tesla aujourd'hui, nourrissant la prospérité de la région.

Les mines ont fermé en raison de coûts d'extraction plus élevés qu'ailleurs. La France a voulu se fournir au meilleur prix. Cet épisode a marqué le début de la mondialisation et de la concurrence des pays émergents, condamnant les puits français et, plus largement, européens.

Produire du lithium en France, c'est utiliser de l'électricité décarbonée grâce au nucléaire. Certes, la mine porte avec elle une mauvaise image à cause de la pollution des sols ou des nappes phréatiques. Mais les techniques ont beaucoup évolué avec le temps. L'extraction sera désormais strictement encadrée. C'est le but du nouveau code minier français qui est en train d'être rédigé. Le premier datait du début des années 1800, il était temps de le dépoussiérer.

### *27. L'indépendance revient cher*

Dans le projet de loi sur la Sécurité sociale, le gouvernement envisageait, pour certains médicaments génériques, d'organiser des compétitions entre les différents fournisseurs. Une sorte d'appel d'offres pour sélectionner les produits remboursés en fonction de leur prix. L'objectif : faire des économies en ne remboursant que les médicaments les moins chers. Ceux pour le système digestif, très prescrits, seraient concernés. Et les industriels de la pharmacie en attrapent justement des crampes à l'estomac.

La méthode du gouvernement, celle de l'appel d'offres, attise leur crainte. Ils ont peur de voir privilégiés les fabricants chinois ou indiens dont les coûts sont moins élevés. Il n'y a pas si longtemps, pendant l'épidémie, nous nous alarmions pourtant de la perte de souveraineté pharmaceutique française, au point de rapatrier la fabrication des produits manquants… Une dépendance à l'égard de l'étranger peut se traduire en effet par des difficultés d'approvisionnement voire des pénuries.

La décision publique est difficile. Faire des économies à la Sécurité sociale est évidemment nécessaire. Mais la protection de l'approvisionnement pour ces biens stratégiques l'est tout autant, et ces deux objectifs sont parfois contradictoires.

Car les coûts de production français sont plus élevés qu'ailleurs. Le système fiscal y est plus lourd aussi. L'association des industriels du médicament (LEEM) a fait faire des calculs intéressants. Ils montrent que le secteur subit en France la pression fiscale la plus élevée d'Europe, avec un gros écart vis-à-vis de l'Irlande, du Royaume-Uni et de la Suisse, trois pays leaders dans l'industrie pharmaceutique.

Le choix de prendre les produits les moins chers permettrait bien sûr de faire des économies. Mais dans le même temps, il risque d'affaiblir le secteur des médicaments génériques en France et ses 15 000 emplois, l'un des rares domaines industriels où la France dégage encore un excédent commercial. Le dilemme est le même pour la transition écologique. Produire avec des normes « bas-carbone » et en Europe, c'est plus cher que de produire en Chine.

### *28. Le Doliprane, denrée rare*

Les pénuries de médicaments se sont multipliées en France en 2022. Dans les pharmacies ont manqué à l'appel le Doliprane et d'autres dérivés du paracétamol, mais aussi certains médicaments à base de pénicilline comme l'Amoxicilline ou l'Augmentin pour les enfants. Ainsi que des traitements contre le diabète, des antidépresseurs et des produits pour lutter contre l'asthme.

Selon l'ANSM, l'Agence nationale de sécurité du médicament, les ruptures d'approvisionnement touchaient 12,5 % des références en août 2022, contre seulement 6,5 % un an avant. Une situation qui a de graves conséquences sanitaires. 45 % des personnes confrontées à ces difficultés ont été contraintes de différer leur traitement, de le modifier ou d'y renoncer. Ce problème ne concerne pas que la France. La situation est similaire au Royaume-Uni, en Allemagne et dans la plupart des pays développés.

La croissance de la demande mondiale excède les capacités industrielles de production. L'Amoxicilline, par exemple, était moins produite car moins nécessaire pendant l'épidémie, les confinements ayant réduit la diffusion des maladies que ce médicament traite. Le paracétamol est victime d'une demande massive en provenance de Chine, où le virus du Covid faisait rage. Pékin a réquisitionné ses usines de médicaments pour servir en priorité le marché chinois.

Alors que les chaînes de production se sont mondialisées, une sorte de nationalisme pharmaceutique commence à se développer et freine la circulation des produits. Et il est vrai aussi que les laboratoires se concentrent sur la fabrication des médicaments les plus rentables, en particulier les nouveaux, plus chers, et délaissent parfois les autres.

## *29. La fragilité de notre industrie de santé*

Comment expliquer les faiblesses de notre industrie de santé ? Il y a le coût d'abord. Dans bon nombre de pays comme la France, le prix des médicaments n'est pas libre. Il est fixé par l'administration de la Sécurité sociale, qui les rembourse. La « Sécu » a évidemment tout intérêt à limiter le coût de l'assurance maladie qui pèse sur ses finances, donc à imposer des prix plus faibles.

Cela incite les industriels à produire dans les pays les plus compétitifs. De plus, la réglementation des usines chimiques – la pharmacie, c'est de la chimie industrielle – est beaucoup plus contraignante chez nous. Raison pour laquelle la fabrication des principes actifs les plus courants des médicaments se situe pour 80 % en Inde et en Chine.

Nos exportations de médicaments ont suivi la même pente que nos exportations industrielles, c'est-à-dire que leur part dans celles de la zone euro a fortement chuté. Peu après le confinement, le gouvernement a enclenché un plan de relocalisation de 30 produits. Initiative louable, indispensable pour restaurer la souveraineté du pays dans ce domaine.

Mais le processus est long. Il faut six ans pour mettre en service une usine de paracétamol. Et nous allons faire face à la même difficulté : relocaliser en France, c'est cher. Être souverain ou économe, il faudra choisir. On dit souvent que la santé n'a pas de prix, la souveraineté, elle, en a un.

### *30. La paresse de l'État face à la dette*

La dette publique française a approché fin 2022 une barre symbolique impressionnante : 3 000 milliards d'euros. Pendant le dernier trimestre 2022, elle a encore progressé de 40 milliards d'euros. Comment l'expliquer ?

Le gouvernement a apporté un soutien budgétaire massif aux ménages pour lutter contre l'inflation, qui a coûté plusieurs dizaines de milliards. Certes, les recettes fiscales ont été très dynamiques en 2022. Elles auraient dû permettre de dépenser tout en faisant baisser la dette. Mais la France a été bien au-delà, et la dette, mesurée en points de PIB, ne baisse qu'à la marge.

En 2019, avant l'arrivée de la pandémie et de la crise énergétique, 17 pays européens sur les 27 membres de l'Union européenne avaient un excédent budgétaire. La France était en déficit, tout en bas du classement, aux côtés de la Roumanie, avec un trou budgétaire de plus de 3 % du PIB. Avant l'épisode Covid, nous partions donc déjà d'une situation dégradée. Quand il y a des crises, nous dépensons. Mais quand il n'y en a pas, nous dépensons aussi !

Tous nos voisins ont connu les mêmes crises que nous, avec l'épidémie et les conséquences de la guerre d'Ukraine sur le prix du gaz et de l'électricité. Pourtant, alors que la dette française progresse de 16 points de PIB sur la période 2019-2022, celle de la Suède, elle, diminue de 3 points, celle du Portugal de 0,7 et celle de l'Irlande de 12 ! Ces pays ont-ils trouvé la recette magique ? La croissance du PIB peut aider. L'inflation aussi, avec la hausse des recettes fiscales. Les montants de TVA sont en effet proportionnels aux prix à la consommation. Affecter ces gains au remboursement de la dette plutôt qu'à des dépenses nouvelles, est l'une des clés pour se désendetter. L'autre point, c'est la réduction des dépenses, les économies budgétaires.

Et il n'y a pas besoin de chercher bien loin pour trouver des sources d'inspiration. On en trouve en France, même dans le secteur public. Cannes a réduit sa dette de 5 millions en 2022, et de 65 millions depuis 2014, sans augmenter les impôts mais en réduisant ses dépenses de fonctionnement. Même exemple avec la Région Auvergne-Rhône-Alpes. Le bilan est positif avec des investissements en hausse, une légère baisse des emprunts et une capacité de désendettement considérablement améliorée.

Si l'État avait consenti un effort comparable, 78 milliards de dette auraient disparu cette année.

### *31. La France, reine de l'emprunt*

La charge financière de la dette publique française a augmenté de 15 milliards d'euros en 2022. Le coût annuel de la dette de l'État est passé de 38 milliards en 2021 à 53 milliards en un an. Un sacré saut. 15 milliards, c'est l'équivalent du budget de l'Agriculture, de l'Alimentation et de l'Outre-mer réunis. Au total, le service de la dette, c'est-à-dire le coût annuel des intérêts, est le troisième poste budgétaire de l'État, derrière l'Éducation. Et 2023 ne promet pas mieux…

Cette envolée s'explique par la hausse des taux qui affecte notamment les emprunts de l'État à taux variable. Ce sont des obligations émises par la puissance publique, autrement dit un appel aux investisseurs pour obtenir de l'argent, indexées sur l'inflation. Quand la hausse des prix accélère, comme en 2022, les taux d'intérêt montent et la charge de ces emprunts augmente. L'État possède 262 milliards de dette à taux variable. Et c'est sur ce montant que les conséquences ont été immédiates, avec une surcharge de 15 milliards en 2022.

Sur le stock d'emprunts accumulés, l'inflation n'a aucun impact. Une dette à taux fixe, comme son nom l'indique, ne varie pas. Les intérêts ne changent donc pas. Mais il y a un impact sur la nouvelle dette émise chaque année. Parce que non seulement l'État, aujourd'hui, ne rembourse pas les engagements qu'il a contractés et ne fait qu'en payer les intérêts, mais il continue de s'endetter. Justement pour prolonger les emprunts qui arrivent à échéance et qu'il ne peut pas rembourser. Et ensuite pour financer son déficit, c'est-à-dire ses nouvelles dépenses. Déficit qui représente chaque année 150 milliards d'euros, près de 5 % du PIB, malgré les recettes fiscales de la reprise post-Covid… Au total, en 2023, l'État français va emprunter 270 milliards de dette neuve. Jamais il n'a autant demandé aux investisseurs. 270 milliards qui seront empruntés aux taux d'intérêt du moment, plus élevés qu'auparavant. Avec donc un coût supplémentaire.

Pour 1 point de hausse des taux, la charge annuelle monte jusqu'à 31 milliards, nous dit Fipeco. C'est énorme. Personne n'en parle, mais l'augmentation des taux d'intérêt est en train d'étrangler l'État. Entre 2019 et 2021, quand les taux étaient à zéro, l'emprunt ne coûtait rien et on a pu dépenser sans compter. Mais depuis janvier 2022, les taux d'intérêt remontent. Ils sont repassés, à l'automne 2023, à plus de 3 %. Tout cela nous prépare immanquablement une mauvaise surprise financière pour la France, voire pour la zone euro. À moins d'une sévère correction dans les années à venir, soit sous forme d'économies, soit sous forme de hausses d'impôts.

## *32. Le déficit commercial, spécialité française*

On ne sait plus très bien comment qualifier le déficit commercial français. Pour celui de 2022, le mot « record » semble faible. Le solde d'écart

– négatif – entre nos achats à l'étranger et nos ventes au-delà des frontières s'élève à 164 milliards d'euros. Du jamais-vu. Le plus haut datait de 2021 et était deux fois moins important. Désormais, notre déficit dépasse les 7 points de PIB, un chiffre qui correspond à ceux des pays qu'on appelait naguère « en voie de développement ».

L'énergie l'explique en grande partie. D'ailleurs, le solde commercial français s'est amélioré au premier semestre 2023 justement parce que les prix de l'énergie avaient baissé. La hausse des prix des hydrocarbures a renchéri la facture énergétique. De plus, la France, naguère exportatrice, se trouve désormais importatrice, à cause des déboires des centrales nucléaires fermées par dizaines. Cette conjoncture exceptionnelle explique 85 % de l'aggravation du déficit. Les 15 % restants sont dus à la perte de compétitivité du « made in France ».

Face à la croissance du marché planétaire, la France a moins vendu à l'étranger qu'elle ne le faisait auparavant. Ses parts dans le marché mondial sont passées de 2,7 % à 2,5 %, contre 3 % en 2017. En 2003, il y a vingt ans, la France occupait encore 5,2 % du marché mondial, soit deux fois plus qu'aujourd'hui.

Que s'est-il passé ? Si cela est dû pour partie à la montée en puissance des pays émergents dans le commerce mondial, c'est aussi parce que notre compétitivité se détériore. Même si certains de nos produits continuent bien sûr de séduire. Ainsi, la France s'est spécialisée dans l'exportation d'avions, de champagne, de sacs à main, de cosmétiques, de médicaments et d'armement.

Le bon résultat des services compense le tiers de notre manque sur les biens manufacturés, notamment grâce au retour des touristes étrangers en 2022. En particulier des Américains, venus massivement visiter le pays et qui, avec la baisse de l'euro par rapport au dollar, voient leurs séjours en Europe devenir moins chers. Donc, à nos spécialités, il faut ajouter le château de Versailles et Disneyland Paris. Et le transport maritime, puisque nous possédons CMA-CGM, l'un des premiers armateurs mondiaux, qui rapporte également des devises en vendant ses services sur tous les continents.

Du temps du franc, un déficit commercial aussi colossal aurait fait baisser notre monnaie, augmentant le risque d'inflation. Avec la monnaie unique, ce risque a disparu. Mais ce déficit dit quelque chose de l'affaiblissement de notre industrie, puisqu'il signifie aussi la disparition des emplois qualifiés qui l'accompagnent et l'augmentation de notre dépendance vis-à-vis de l'étranger.

### *33. L'or, valeur refuge*

Le cours de l'or ne cesse de grimper. Près de 60 000 euros le kilo en 2022, c'est un record. Le fameux Napoléon de 20 francs, la pièce la plus répandue en France, émise dans notre pays au XIX$^{e}$ siècle, vaut maintenant près de 350 euros. Il contient 6,5 g du précieux métal.

Comment expliquer ce retour en grâce ? Traditionnellement, l'or est un baromètre inversé. Il monte quand ça va mal : inflation, guerre, crise bancaire ou financière. Il représente l'ultime sécurité pour celui qui détient de l'épargne et veut la préserver. Ce métal est jugé beaucoup plus sûr que tout autre instrument de transaction, les billets en particulier. Parce que son prix n'est pas manipulable par un gouvernement, contrairement aux devises officielles classiques. Parce que sa quantité dans le monde dépend d'un facteur indépendant des pouvoirs politiques : l'extraction au fond des mines. L'or, c'est ce que John Maynard Keynes appelait la « relique barbare ».

En ce printemps 2023, ceux qui se précipitent ainsi sur le métal jaune craignent la crise bancaire. Mais le facteur principal, c'est l'inflation des monnaies officielles (euro, dollar et autres) qui s'est emballée et qui dévalorise l'épargne. Une hausse qui n'est que la dernière étape d'une longue appréciation de l'or.

Son envolée a débuté en 1971. Jusqu'à cette date, le dollar était défini par son poids en or, un poids fixe, 1/35e d'once, c'est-à-dire un peu moins d'un gramme. Ce lien fixe était une garantie sur la valeur de la devise américaine. Mais c'était évidemment très contraignant, surtout pour un pays qui, au début des années 1970, devait financer la guerre du Vietnam.

Afin de pouvoir créer davantage de dollars qu'il n'y avait de métal jaune, Richard Nixon, président des États-Unis, a alors rompu le lien. À partir de là, la valeur du dollar, et avec elle celle de toutes les autres monnaies, n'a cessé de se détériorer par rapport à l'or, au fur et à mesure de l'utilisation des planches à billets. En 1971, le gramme d'or valait un peu plus d'1 dollar. En mars 2023, c'était presque 63 dollars. De 1 à 63, c'est l'inflation qu'on a connue durant ce demi-siècle.

Notre monnaie a également été liée à l'or pendant plus d'un siècle, de 1803, date de la création du franc germinal, à 1914. Cent dix ans de stabilité monétaire, sans inflation, interrompue par la Première Guerre mondiale, qu'il a fallu financer. Depuis toujours, c'est la création de monnaie par les gouvernements, quelle qu'en soit la raison, qui provoque l'inflation et fait flamber l'or en réaction. Et c'est encore ce qui se passe en 2023. La flambée récente a débuté en 2020, au moment du Covid. Non pas à cause de l'épidémie, mais à cause du « quoi qu'il en coûte », c'est-à-dire de la création massive d'argent par les autorités de bon nombre de pays pour financer les confinements et l'inactivité imposée.

L'inflation et la hausse du coût de l'or sont des signaux d'alarme qui nous rappellent qu'il ne faut pas jouer avec la monnaie. Et qu'à créer de l'argent qu'on n'a pas gagné avec des richesses, des biens produits, des emplois, des bénéfices tirés de l'investissement, on prend un risque. Celui de l'érosion de sa valeur.

### *34. Le surendettement des ménages recule*

Bonne nouvelle, le nombre de personnes surendettées recule en France. Et de façon spectaculaire. C'est une étude de la Banque de France qui l'a établi. En 2022, le nombre de ménages surendettés a reculé de 7 %, confirmant une tendance à l'œuvre depuis plusieurs années : la diminution est de moitié depuis le pic de 2014. Au total, la commission de surendettement a traité 113 000 dossiers en 2022.

Ce recul s'explique avant tout par la baisse du chômage. Une embellie qui n'a pas été contrariée par la montée des prix de l'énergie en 2022, dont on aurait pu penser qu'elle allait détériorer la situation financière des ménages fragiles. Il n'en a rien été, sans doute en raison des aides gouvernementales et des boucliers tarifaires.

L'autre cause, plus structurelle, c'est une loi de 2010 que l'on doit à Christine Lagarde. Une loi qui a moralisé les pratiques des sociétés de crédit en renforçant leurs obligations et leurs responsabilités. Le texte a fait drastiquement chuter les crédits renouvelables, ces formules qui reconstituaient automatiquement l'enveloppe disponible et qui poussaient à la consommation, avec des conséquences parfois catastrophiques.

Comme quoi, les bonnes politiques publiques, ça marche, y compris sur des sujets difficiles.

Les personnes les plus touchées sont en majorité des femmes, parce qu'elles perçoivent des rémunérations généralement inférieures à celles des hommes. Et qu'elles sont cheffes de familles monoparentales quatre à cinq fois plus fréquemment que les hommes. Ce sont bien sûr des foyers à revenu très modeste, avec une dette moyenne de 20 000 euros. Ils se concentrent dans les régions où subsiste un chômage important, les Hauts-de-France en particulier, suivis par la Normandie, le Centre-Val-de-Loire et la Bourgogne-Franche-Comté.

Pour les surendettements que l'on ne peut pas rembourser, la Commission de la Banque de France s'occupe d'étudier les dossiers déposés par les particuliers et de statuer en annulant en totalité ou en partie les dettes accumulées, ou en imposant des mesures de redressement. En 2022, la Commission a effacé près d'un milliard d'euros de dettes, au détriment des banques et des sociétés de crédit à la consommation, souvent filiales des grands établissements bancaires.

Sur les vingt dernières années, l'endettement des ménages français a cependant beaucoup progressé. Entre 2000 et 2021, il a en fait doublé, passant de 33 % à 65 % du PIB, lorsqu'on ajoute les crédits à la consommation et les emprunts immobiliers. Cette forte hausse est bien sûr le reflet de la croissance des prix de l'immobilier sur la période. Une croissance aujourd'hui remise en cause.

### *35. Le super-cycle immobilier s'achève*

Pour tous les Français qui sont nés après 1990, l'immobilier est un placement qui ne baisse jamais. Parmi les Français plus âgés, certains se souviennent qu'il y a eu un krach en 1992-1993, que les prix ont perdu entre 20 et 30 % à Paris et qu'on a mis cinq ou six ans à s'en remettre. Quant aux plus vieux encore, ils se souviennent des années 1960-1970. Les bonnes affaires n'étaient pas si fréquentes parce qu'il y avait l'inflation et qu'on gagnait de l'argent indirectement en remboursant des prêts qui se dévaluaient. Mais quant à l'évolution des prix, ce n'était pas si flambant que dans le dernier quart de siècle, qui a été une période exceptionnelle, un « super-cycle ».

Mais ce cycle est en voie de disparaître. D'abord parce qu'il est une anomalie historique.

Robert Shiller, économiste américain, prix Nobel, expliquait que sur une longue période les prix de l'immobilier évoluent à peu près comme la richesse d'un pays. Il y a de temps en temps des périodes où ça monte un peu plus et d'autres où les choses se rectifient mais on retrouve la tendance de long terme. Ce n'est pas du tout ce qu'on a observé en France et dans le monde depuis vingt-cinq ans où les prix de l'immobilier se sont complètement décorrélés de la croissance économique générale.

Ensuite, et c'est lié au point précédent, les taux d'intérêt remontent. Or, on peut expliquer la hausse continue du prix des logements par la baisse continue des taux d'intérêt. Cette baisse a aidé à solvabiliser l'acheteur et a renforcé la demande de deux façons : d'abord le coût du crédit a chuté – dans les années 1990, le coût d'un crédit était de 9 à 10 % hors assurance. Inutile de dire qu'à cette époque les banques se faisaient beaucoup d'argent avec les crédits. Aujourd'hui, c'est entre 3 et 4 %, mais on était à moins de 1 % il y a quelques années.

La deuxième façon, c'est parce qu'on a permis l'allongement de la durée des prêts, ce qui a autorisé l'augmentation des sommes. Dans les années 1960, il n'y avait pas de prêt supérieur à dix ans en France. Ce n'était pas possible, les banques n'en voulaient pas. En 1980, on monte à quinze ans en moyenne. En 2005, dix-neuf. En 2022, entre vingt et un et vingt-deux ans. Évidemment, ça a donné des marges d'achat supplémentaires.

Comme ce mouvement a solvabilisé les emprunteurs, ils se sont rués sur les biens, qui sont toujours en offre insuffisante, notamment parce qu'on ne construit pas assez en France. Et les prix ont monté. En vingt-cinq ans, le prix moyen du m$^2$ est passé de 1 000 euros à 2 800 euros en France. Il a été multiplié par 3. La croissance, elle, n'a pas fait ce bond-là. À Paris, la valeur a même été multipliée par 5.

En fait, le bénéfice de la baisse des taux et de l'allongement de la durée de crédit est passé dans la poche des vendeurs, qui ont pu augmenter leurs prix. Ce sont eux qui en ont profité, parce que du côté de l'acheteur, la surface moyenne achetée a plutôt eu tendance à se réduire.

## *36. La difficile construction de logements neufs*

La forte hausse de l'immobilier qui s'est produite en France s'explique aussi par notre incapacité à construire de nouveaux logements. Si l'on écoute la Fédération des promoteurs immobiliers, elle nous parle de crise majeure : –30 % de mise en vente au premier trimestre 2022 par rapport à la même période en 2021. Cela s'ajoute à la montée des coûts, avec l'inflation sur les matériaux, le fer utilisé dans le béton, le ciment, les matériaux électriques, etc. Au total, il y a eu moins de 80 000 logements à la vente. Avec des délais compris entre douze et dix-huit mois d'attente.

Plusieurs phénomènes expliquent cette disproportion entre l'offre et la demande. D'abord, le manque de terrains disponibles pour construire, associé au refus des maires d'accorder des permis de construire. Ils sont eux-mêmes soumis à des réglementations, notamment l'interdiction d'étendre les zones artificialisées afin de préserver l'équilibre écologique. Cela les dissuade d'accorder des permis de construire, alors qu'ils auraient plutôt intérêt à le faire. En effet, plus il y a de constructions, plus il y a de taxes foncières, et donc de rentrées fiscales pour les communes. Même s'il y a aussi de nouveaux équipements collectifs à financer quand la population augmente, des écoles, des stades, des routes supplémentaires. L'opération n'est donc pas si intéressante.

Deuxième facteur clé : l'hostilité des riverains et la multiplication des recours juridiques contre les projets de construction. Bouygues, l'un des acteurs majeurs de la construction, déclarait en 2022 que 5 000 de ses projets avaient été bloqués pour cause de recours de riverains.

Troisième facteur clé : l'inflation des normes de sécurité et des normes environnementales pour les bâtiments eux-mêmes, qui renchérissent les coûts. Que ce soit pour faciliter l'accès aux salles de bains ou pour limiter la consommation d'eau et d'énergie, quantité de facteurs pèsent sur le prix à la construction voire sur la faisabilité des projets.

En 2020, 316 000 logements avaient été produits. En 2021, nous étions au-dessus de 400 000. Mais il faudrait 500 000 logements neufs par an, et cela fait plus de dix ans que nous n'avons pas atteint ce chiffre. Il y a un retard considérable. En trente-cinq ans, l'Insee nous indique que nous avons construit plus de

11 millions de logements, ce qui semble énorme. Pourtant, cela signifie seulement 300 000 logements par an. 56 % des logements français sont individuels et ce sont dans les départements d'outre-mer que le nombre de logements s'est le plus accru. Il faut noter que la part de propriétaires en France est de 58 %. 6 Français sur 10 possèdent leur logement, ce qui n'a pas vraiment augmenté avec le temps.

### *37. De moins en moins d'habitants par logements*

Si les besoins en logement sont élevés, c'est bien sûr à cause de la démographie, des naissances et de l'immigration. Mais aussi à cause de ce qu'on appelle la « décohabitation ».

Les ménages se séparent et occupent différents logements. Un divorce nécessite deux logements de taille comparable à l'ancien, car s'ils ont des enfants, les parents souhaitent recevoir leurs enfants en garde alternée. Là où nous avions 80 $m^2$ pour une famille de trois personnes hier, il faut aujourd'hui au moins deux fois 50 $m^2$. Il y a également l'allongement de la durée de la vie, qui augmente la durée moyenne d'habitation. Pour les jeunes, la tendance est plutôt inverse. Ils quittent le logement familial plus tardivement.

Aujourd'hui, il y a 2,19 personnes par logement. Un chiffre qui diminue au fil du temps. Depuis 2007, le nombre de ménages d'une seule personne est plus important en France que celui de deux personnes. Et si nous ajoutons les ménages d'une personne et de deux personnes, nous obtenons les 2/3 des logements. Il y a cinquante ans, c'était la moitié seulement.

Plus le niveau de vie augmente, plus la décohabitation est à la hausse. En Suède, plus d'un logement sur deux est habité par une personne seule, quel que soit l'âge. Les habitudes culturelles jouent également. En Italie, la cohabitation familiale est davantage pratiquée qu'en France : parfois trois générations italiennes vivent sous le même toit.

## *38. Les nouveaux campagnards viennent des villes*

En 2022, l'exode urbain a considérablement accéléré. Il s'agit d'un mouvement tout à fait nouveau, contraire au puissant et long exode rural qui a commencé en France au XIX^e^ siècle pour peupler les villes.

À Paris, en 2022, les départs ont été trois fois plus importants que les arrivées. C'est l'écart le plus grand du pays et il ne cesse d'augmenter depuis 2018. Les villes de plus de 700 000 habitants, les grandes métropoles, subissent, elles aussi, une hémorragie, quoique plus faible : les arrivées comptent pour 85 % des départs. Ces villes se vident aussi, mais plus lentement.

À l'autre extrémité, ce sont les agglomérations de moins de 50 000 habitants qui profitent le plus de ces mouvements, avec 128 arrivées pour 100 départs. Et plus encore la périphérie de ces agglomérations, c'est-à-dire les zones rurales, où l'on compte 147 arrivées pour 100 départs.

Bien sûr, certaines régions sont plus attractives que d'autres. La star, c'est la Bretagne, avec deux fois plus d'arrivées que de déménagements, suivie de près par la Corse, la Nouvelle-Aquitaine et l'Occitanie. À l'inverse, l'Île-de-France, les Hauts-de-France et le Grand-Est sont les plus déficitaires.

L'Insee y voit la conséquence de l'essor du télétravail, qui permet de s'installer au vert tout en continuant à travailler à distance. Il est vrai que les départements les plus quittés sont aussi ceux où les emplois de bureau sont les plus importants, l'Île-de-France, le Rhône et la Haute-Garonne.

Autre facteur, démographique celui-ci : le vieillissement. Avec l'augmentation du nombre de retraités, un grand nombre quitte les métropoles actives pour retrouver le calme des campagnes, souvent dans leur région d'origine.

Y a-t-il de quoi inverser le rapport de force démographique entre les villes et les campagnes ? Selon les derniers chiffres de l'Insee, on compte un tiers de Français des champs, contre deux tiers de Français des villes.

Jadis, le monde des campagnes régnait. L'exode rural n'a commencé que vers 1850, avec l'industrialisation progressive du pays qui a aimanté les paysans dans les zones urbanisées. En 1930, la France des campagnes et la France des villes sont de taille identique sur le plan démographique. Avant que celle des villes ne prenne l'ascendant, nourrie par de puissants flots jusqu'en 1975. À cette date, les flux se tarissent et commencent à s'inverser. Débute alors le lent développement des couronnes, autour des villes, qui se poursuit aujourd'hui.

Voilà donc longtemps que les villes ont perdu leur dynamique au profit de leurs banlieues et des agglomérations de petite taille, voire des zones rurales. Le Covid-19 et le télétravail n'ont fait qu'accentuer et accélérer l'évolution. Il a fallu cent ans aux citadins pour dominer les ruraux, il en faudra peut-être autant pour que la campagne prenne sa revanche.

DEUXIÈME PARTIE

# LA REDISTRIBUTION DES CARTES

## *39. L'industrie allemande si dépendante de la Chine*

Olaf Scholz a été le premier chef de gouvernement du G7 et de l'Union européenne à rencontrer Xi Jinping, le président chinois, après la crise sanitaire. Ce voyage a suscité réserves et critiques chez ses partenaires européens et même au sein de sa propre coalition. De toutes parts, on redoute que le chancelier ne se jette dans la gueule du loup, exactement comme l'a fait Angela Merkel, il y a vingt ans, avec Vladimir Poutine en favorisant une forte dépendance de l'Allemagne vis-à-vis du gaz russe.

L'industrie allemande est déjà très investie sur le plan économique en Chine. En 2022, Pékin était pour la sixième année consécutive le premier partenaire commercial de l'Allemagne, comptant pour près de 10 % des échanges de notre voisin d'outre-Rhin. Volkswagen vend 40 % de ses voitures en Chine et y réalise la moitié de ses profits.

Un tel voyage du chancelier Scholz, en incitant les entreprises allemandes à développer leurs affaires en Chine, ne peut conduire qu'à renforcer la dépendance économique de son pays vis-à-vis de Pékin. Pourtant, l'empire du Milieu, allié de la Russie, est désormais un ennemi *de facto* de l'Occident. La Chine est même qualifiée de « rival systémique » par Bruxelles.

Quel est le risque ? Les Allemands pourraient être à la merci d'une brutale détérioration de la situation géopolitique si une crise militaire survient, comme l'invasion de Taiwan par la Chine. Les entreprises allemandes seraient obligées de stopper ou réduire leurs relations commerciales, voire d'abandonner les usines qu'elles possèdent en Chine. L'affaire russe a coûté des milliards à ceux qui y étaient engagés et qui ont dû en sortir en catastrophe, comme Renault ou Danone pour ne citer qu'eux.

En agissant ainsi, Olaf Scholz prend un risque, poussé par ses industriels. Le grand groupe de la chimie BASF vient ainsi d'annoncer qu'il allait réduire sa base de production européenne de façon définitive, à cause du prix de l'énergie, au profit de la Chine. Peu de temps auparavant, c'est BMW qui décidait de transférer en Chine la production de la mini Cooper électrique, fabriquée jusqu'ici au Royaume-Uni. Sur le seul premier semestre 2022, les grands groupes allemands ont investi 10 milliards d'euros sur le territoire chinois, soit deux fois plus que l'année précédente.

Depuis la guerre en Ukraine, le renchérissement de l'énergie a plombé les groupes allemands. Ils voient la Chine comme leur planche de salut. En réalité, ils ignorent délibérément le risque politique. Et Olaf Scholz ne s'y oppose pas, peut-être par inexpérience, par insouciance, en tout cas par désir de rafler de gros contrats avant les autres pays.

Le chancelier a refusé la proposition d'Emmanuel Macron d'aller voir Xi Jinping avec lui. Il va même plus loin. Il a donné l'autorisation au groupe chinois Cosco d'acquérir 25 % du terminal portuaire de Hambourg, ville dont il a été maire. Six de ses ministres y étaient défavorables, parce que l'opération offrait à Pékin une infrastructure stratégique. Scholz n'en a eu cure, pressé d'offrir un cadeau au dictateur chinois avant son voyage. Cette orientation stratégique ouvre une brèche en Europe.

### *40. Le modèle allemand entre en crise*

Un siècle après leur affaiblissement, les empires ressurgissent. En entendant Erdogan parler de ses revendications territoriales, qui n'a pas en tête l'Empire ottoman ? *Idem* avec Poutine, l'Ukraine et la reconstitution de l'influence russe. Pour la France, cette situation pourrait être plutôt favorable. Elle annonce un monde plus politique, où les pays qui ont une diplomatie et une défense bien en place seront mieux armés que les autres, ce qui est notre cas. Un monde où il faut jouer de sa diplomatie est un monde où les atouts français peuvent être déployés de façon plus convaincante que le précédent où la puissance économique et commerciale primait.

L'Allemagne est peut-être la grande perdante de cette redistribution des cartes. Il y a trente ans, elle a profité de sa réunification et de la chute des tensions géopolitiques pour se reconstituer et faire valoir ses atouts commerciaux grâce à l'exportation des machines-outils et les automobiles. Elle a construit son modèle sur trois piliers : l'énergie russe pas chère, l'ouverture du marché chinois et le parapluie géostratégique américain.

Les trois sont en train de s'écrouler. L'énergie russe pas chère, c'est fini. L'ouverture du marché chinois, cela tiendra jusqu'à l'invasion de Taiwan. Le parapluie américain joue encore pour l'Ukraine, mais pour combien de temps ? La preuve : l'Allemagne a décidé d'investir 100 milliards d'euros dans sa défense. Sans oublier le retour de l'inflation, une vieille camarade chez nous, en France, une horreur outre-Rhin, à cause des souvenirs laissés par l'hyperinflation d'avant le nazisme. Une Allemagne inquiète sera-t-elle toujours aussi européenne qu'une Allemagne prospère ?

Le modèle allemand est bouleversé et c'est peut-être la raison de la montée des tensions entre la France et l'Allemagne. L'inquiétude de notre voisin le rend moins enclin à faire fonctionner harmonieusement le couple franco-allemand qui était basé sur une complémentarité : puissance économique pour l'Allemagne, puissance politique pour la France. L'Allemagne veut redevenir un poids lourd politique. C'est une inversion complète des rapports de force qui se profile en Europe.

## *41. L'avion, symbole de la guerre industrielle franco-allemande*

Fin novembre 2022, la Première ministre française Élisabeth Borne s'est rendue à Berlin pour rencontrer Olaf Scholz et évoquer avec lui l'avion de combat européen de demain, mieux connu sous le nom de « SCAF » (Système de Combat Aérien du Futur).

Le SCAF comprend un avion destiné à remplacer dans quinze ans le Rafale français et l'Eurofighter allemand et espagnol, mais aussi des drones, des missiles et un système de commande de l'ensemble. Un accord politique a été annoncé par l'Allemagne et la France (l'Espagne est aussi de la partie), mais les industriels ont tardé à signer le mariage pour la première phase de ce projet à 100 milliards d'euros.

Pourquoi ? Sur le papier, c'est formidable : un avion de combat européen, la mutualisation des coûts, un marché théorique important, qui comprend toute l'Europe. Dans la réalité pourtant, ce n'est pas pareil : on retrouve dans toute cette affaire ce qu'il faut bien appeler la guerre industrielle franco-allemande. Une guerre exacerbée parce que la défense est l'un des rares domaines où la France dispose d'une nette supériorité technologique, particulièrement dans les avions de combat. Notre champion national, c'est Dassault, avec le Rafale bien sûr, et le Mirage avant lui, à la fin des années 1970. Mais Berlin, poussé par son nouveau chancelier et le retour de la guerre sur le sol européen, veut désormais compter aussi dans ce domaine. Et les Français redoutent de se faire piller leur avance sous couvert de l'européanisation du programme.

Ils souhaitent deux garanties.

D'abord, l'assurance que c'est bien Dassault qui sera le chef de file incontesté du projet afin de protéger son savoir-faire. De son côté, l'Allemagne a obtenu le pilotage du futur char. La France veut aussi arbitrer sur les caractéristiques de l'avion car il y a des précédents désastreux où le matériel construit en commun ressemblait au manteau d'arlequin, à cause des demandes de tous les pays participants.

Ensuite, la France souhaite que l'exportation des futurs avions reste soumise au contrôle politique national. En France, pour vendre du matériel militaire à l'étranger, il y a une commission qui associe le ministère de la Défense, Bercy et le Quai d'Orsay, sous le contrôle de Matignon. L'Allemagne, elle, voudrait transférer cette prérogative à Bruxelles. L'enjeu est considérable.

La vente d'armes est pour Paris un levier d'influence stratégique, le bras armé de sa diplomatie, le moyen de constituer des alliances internationales. Si tout part à Bruxelles, c'est la puissance géopolitique de la France qui est affaiblie, puissance dont le sommet est le siège français au Conseil de sécurité de l'ONU. C'est tout cela qui est en jeu, sans compter qu'à Bruxelles il y aura toujours un pays pour bloquer telle ou telle transaction. On ne vendra des avions qu'en Europe, et encore… Si les Américains passent avant, finis les contrats égyptiens, indiens ou indonésiens du Rafale !

La coopération demeure possible mais elle est complexe à mettre en œuvre. Méfions-nous des envolées naïves pour exalter la « défense européenne », qui dissimulent parfois une tentative de dépeçage de l'un des rares secteurs industriels français qui a résisté parce qu'il était à l'abri des règles européennes grâce à son caractère stratégique. L'Europe, c'est bien ; l'intérêt national, ce n'est pas mal non plus !

### *42. France-Allemagne, le divorce*

Emmanuel Macron et le chancelier Olaf Scholz se sont retrouvés à Paris le 22 janvier

2023 pour fêter les soixante ans du traité franco-allemand. Un traité qui avait scellé la réconciliation entre nos deux pays en 1963, signé par Charles de Gaulle et Konrad Adenauer. Or, après un demi-siècle d'amitié, les signes de divergence et d'agacement mutuel se multiplient.

D'abord, la relation personnelle entre les deux dirigeants n'est pas au beau fixe. Pour les Allemands, Macron est la caricature du Français : hâbleur, pas très sérieux en matière de finances publiques, toujours prompt aux envolées lyriques tout en tirant la couverture à lui. Scholz, de son côté, est un Allemand du Nord. Quand on lui parle, il faut toujours quelques secondes avant d'obtenir une réponse, comme s'il communiquait par liaison satellite avec l'autre bout du monde. Son apparence bonhomme dissimule une volonté farouche de défendre l'Allemagne avant tout.

Notre voisin allemand a tout fait pour torpiller le nucléaire en Europe, et le nôtre en particulier. Les naïfs y voyaient la crainte de l'accident atomique ; les autres, parmi lesquels des ministres français éminents, pointaient une volonté délibérée de saper un avantage compétitif de l'industrie tricolore. Et les deux pays divergent profondément sur l'organisation du marché européen de l'énergie de demain. Sur les livraisons d'armes à l'Ukraine. Sur la construction de l'avion du futur, on l'a vu. Sur la réponse à apporter aux mesures protectionnistes américaines.

Sur ce dernier sujet, notre intérêt n'est pas commun. Pour Paris, il faudrait mettre sur pied le même genre d'arsenal que l'Inflation Reduction Act, qui octroie près de 400 milliards de subventions aux industriels s'installant aux États-Unis. Des dispositions qui peuvent aspirer sur le sol américain toute une partie de l'industrie européenne. C'est le Plan Marshall à l'envers. D'autant que ces subventions s'ajoutent à une autre séduction, la faiblesse des prix de l'énergie aux États-Unis. Mais Berlin ne veut pas d'un tel dispositif, par crainte de mesures de rétorsion commerciale qui pénaliseraient ses exportations.

### *43. De la nécessité de se réconcilier avec les Anglais*

Les relations entre la France et les deux prédécesseurs de Rishi Sunak – Boris Johnson et Liz Truss – étaient tellement mauvaises qu'entre 2020 et 2022 les sommets n'étaient même plus organisés. Avec l'arrivée au pouvoir de Rishi

Sunak et l'avènement du nouveau roi Charles III, le climat se réchauffe.

Il est vrai que le Royaume-Uni n'est plus celui qu'on a connu. Il ressemble au pays éreinté des années 1970, celui d'avant Margaret Thatcher, miné par les grèves et les déficits. Depuis plusieurs siècles, il arrive que nous nous comparions avec ce voisin au destin exceptionnel. Et pour une fois, la France semble avoir l'avantage.

Il s'agit d'un symbole, mais il compte pour les Britanniques : en mars 2023, la valeur de la Bourse de Paris a dépassé momentanément celle de Londres, la fameuse City. De peu, certes. À cause des taux de change et de l'avantage français du secteur du luxe, très représenté dans le CAC 40, et en pleine forme. Mais c'est la vérité des chiffres.

Autre bouleversement : la France est désormais le premier pays d'accueil des investissements étrangers en Europe, place que le Royaume-Uni a longtemps occupée. Sur le plan économique, nos deux nations ont à peu près le même PIB, et se battent pour la sixième place mondiale. Mais récemment, côté croissance, la France avait l'avantage. L'activité a été plus forte chez nous, et les perspectives sont meilleures.

Côté chômage, en revanche, ce sont les Anglais qui nous battent largement depuis plusieurs décennies, avec un taux de 3,7 %, deux fois inférieur au nôtre.

Avant le Brexit, la valeur de la Bourse de Londres était 50 % supérieure à celle de Paris. Et le Royaume-Uni était le pays le plus attractif pour les entreprises étrangères, qui y voyaient un moyen d'entrer sur le marché unique européen. Depuis sa sortie de l'Europe, ses avantages de fiscalité et de flexibilité sociale ne sont pas suffisants pour compenser le coût des barrières douanières pour exporter en Europe. Le Brexit a donc été déterminant.

Pourtant, il est important de se réconcilier avec les Britanniques, car nous nous ressemblons. Nous sommes l'un et l'autre deux ex-empires nostalgiques de leur grandeur perdue. Nous possédons les reliquats de la puissance, une diplomatie mondiale et une armée de rang intermédiaire avec des prétentions à être écoutés par le monde entier. Nous avons investi massivement dans l'énergie nucléaire.

Au moment où la relation avec l'Allemagne se distend à peu près sur tous les sujets, alors que la guerre d'Ukraine ravive les clivages géopolitiques entre l'Occident et le reste du monde, il est essentiel d'empêcher que la Manche ne s'élargisse davantage.

### *44. Le Royaume-Uni face à la chute du pouvoir d'achat*

Il y a un pays qui a été bien plus éprouvé par la crise que nous : l'Angleterre. En matière économique, ses résultats sont désolants. Le pays a connu la plus forte chute de son pouvoir d'achat depuis la guerre. Les factures d'énergie des ménages ont explosé, bien plus que chez nous, et dans la presse la chronique d'un pays qui s'appauvrit s'allonge tous les jours. Un article du *Financial Times* de décembre 2022 racontait que certaines femmes de la classe moyenne britannique avaient recours à la prostitution pour boucler les fins de mois et subvenir aux besoins de leur famille.

La chute de la croissance y est plus grave qu'ailleurs. En 2022, le Royaume-Uni était le seul pays du G7 dont le PIB était toujours inférieur à celui d'avant la pandémie. Et l'OCDE estime que la performance anglaise en 2023-2024 sera la pire de tous les pays avancés. Tous les feux sont au rouge. Le gouvernement vient de décider d'impôts supplémentaires et d'économies budgétaires pour 60 milliards d'euros. L'inflation est à + 11 % alors que les salaires sont loin de suivre. Et le commerce international, en particulier avec l'Europe, a chuté de 15 à 20 %.

Quelle est la cause d'un tel marasme ? En grande partie celle d'un mot qui commence par la lettre « B » et qui réapparaît régulièrement : « Brexit ». Avant le référendum, il signifiait l'espoir d'une liberté retrouvée par rapport à l'Europe. Aujourd'hui, il symbolise pour beaucoup le déclin de l'économie britannique.

### *45. Le Brexit des incompétents*

Les effets du Brexit ont été résumés par l'ancien patron de la Banque d'Angleterre, Mark Carney. En 2016, au moment du référendum sur le Brexit, l'économie britannique comptait pour 90 % de l'économie allemande. Aujourd'hui, sept ans après, c'est moins de 70 %. Alors bien sûr, la chute de la monnaie, la livre sterling, explique une partie de la dégringolade. Mais cette dépréciation elle-même s'explique par le Brexit.

Une autre estimation, cette fois d'un organisme public, estime que le coût de la séparation avec l'Europe est de 4 points du PIB. Cela représente quand même 120 milliards d'euros annuels de croissance qui ont disparu.

Deux raisons expliquent que la rupture ait coûté aussi cher : d'abord, l'effondrement des échanges avec les pays voisins à cause du rétablissement des frontières douanières. Les PME britanniques ont renoncé à exporter à cause de la complexité administrative. Moins d'exportations, cela signifie moins de production. Ensuite, la stagnation de l'investissement des multinationales, qui n'ont plus intérêt à développer leurs affaires dans un Royaume-Uni fermé sur lui-même.

Derrière ces deux raisons, plus que le Brexit lui-même, il y a aussi l'incompétence des gouvernements conservateurs qui se sont succédé : David Cameron d'abord, qui a fait le choix de proposer le Brexit comme sujet de référendum, par bravade, pour tenter de sauver son poste. Boris Johnson et Lizz Truss ensuite, incapables de formuler une stratégie économique nationale, alors qu'elle était à la fois nécessaire et possible.

### *46. Charles III, souverain économe*

Si Charles III hérite d'une sacrée fortune, après le décès d'Elizabeth II, la majorité des actifs provient des propriétés de la Couronne, qui appartiennent en réalité à l'État britannique. Le roi possède en outre une fortune privée, constituée principalement du duché de Lancaster, d'actifs financiers et de palais qui appartiennent à la famille, comme Balmoral en Écosse.

Le duché de Cornouailles lui appartenait jusqu'à la mort d'Elizabeth II. Mais comme il est désormais roi, Charles III a transmis ce vaste domaine à son fils William, l'héritier apparent du trône, devenu prince de Galles.

La fortune privée du roi s'évalue à plusieurs centaines de millions d'euros. Quant aux propriétés de la Couronne, cela représente environ 17 milliards aujourd'hui. En vertu d'une loi passée en 2012, le roi touche 15 % des revenus des domaines de la Couronne, ainsi que 10 % supplémentaires pour rénover Buckingham, qui tombe en ruines. La plomberie et le chauffage datant de l'après-guerre, les travaux qui se dérouleront sur une période de dix ans s'élèvent à près de 0,5 milliard de livres.

Ces dividendes de la Couronne représentent plusieurs dizaines de millions annuels, qui servent à payer les 400 employés de la « Firme », à financer les réceptions et les voyages officiels ainsi que l'entretien des résidences. À cela s'ajoutent les revenus de la fortune privée, entre 20 et 30 millions par an.

Formellement, Charles III n'est pas obligé de payer des impôts, la famille royale ne l'a pas fait pendant longtemps. Mais Elizabeth II versait une contribution « volontaire » du montant des impôts au Trésor public. C'est une réforme qu'elle avait instaurée pour se rapprocher de ses sujets. Sans doute fera-t-il de même. En revanche, le patrimoine royal ne subit pas d'impôt sur les successions, ni sur les plus-values.

On prête à Charles III la volonté de diminuer le train de vie de la monarchie, pour être en phase avec la crise économique que subit la population anglaise. Il souhaite réduire le nombre d'altesses royales qui vivent aux frais de la Couronne. Son fils Harry et son épouse ont, de fait, rompu avec la famille royale, son frère Andrew de York a, quant à lui, été déchu de ses titres militaires et parrainages d'associations pour une affaire judiciaire liée à Jeffrey Epstein.

Charles III voudrait également réduire le nombre de résidences. Mais cela n'est pas facile. La vente d'une propriété en Écosse pourrait être interprétée comme un signal politique, à l'heure où nombre d'Écossais rêvent de l'indépendance.

Le domaine de la Couronne a bu la tasse en 2020, car il comporte beaucoup de magasins à Londres, qui ont été fermés pendant le confinement et ont perdu leurs clients asiatiques. Les locataires ont demandé et obtenu d'importantes remises de loyer. La Couronne possède notamment Regent Street, l'une des artères commerciales les plus fréquentées de la capitale. Par ailleurs, bon nombre de bâtiments ne sont plus aux normes environnementales, et la neutralité carbone pour le portefeuille royal est espérée d'ici 2030.

En revanche, la Couronne a réalisé un gros bénéfice avec la mise aux enchères des côtes maritimes qu'elle possède, en Angleterre, au pays de Galles et en Irlande du Nord. Les compagnies d'énergie se sont battues pour obtenir les concessions afin d'installer des champs d'éoliennes. Ainsi la valeur des terrains royaux a-t-elle doublé, dépassant 4 milliards de livres. De quoi satisfaire un roi réputé pour être sensible à la question climatique et financière.

## *47. Le décès de la reine et l'effritement de l'Empire britannique*

La figure de la reine Elizabeth II, qui a traversé le XX^e^ siècle, a longtemps été un ciment pour ce qui reste de l'Empire britannique. Empire qui associe, non seulement le Royaume-Uni, mais quatorze autres États dont Elizabeth II était la souveraine : le Canada, l'Australie, la Nouvelle-Zélande… En 2021, un an avant le décès de la reine, la Barbade, le pays de la chanteuse Rihanna, s'était affranchie de la Couronne. La Jamaïque évoque souvent cette possibilité. L'Australie, elle, vient de se doter d'un « ministre de la République » chargé de réfléchir à l'évolution institutionnelle.

Le Commonwealth ne résistera peut-être pas au décès d'Elizabeth II. L'Empire britannique risque bien de rétrécir à nouveau. Lors de la fête nationale australienne, qui commémore l'arrivée des premiers bagnards britanniques en 1788, des manifestations ont éclaté dans tout le pays pour réclamer la suppression de ce jour férié et la rupture définitive avec Londres. La disparition de la reine lève sans doute les dernières réticences pour franchir le pas républicain, car Charles III ne bénéficie pas de la même aura. Un pas symbolique, car tous ces pays sont bien sûr indépendants depuis longtemps. L'Australie souhaite rompre avec la Couronne parce qu'elle veut être intégralement souveraine. De plus, elle est aux prises avec son voisin chinois, géant et agressif. Or le Royaume-Uni n'a plus les moyens de lui offrir une protection militaire et stratégique, ce qui la contraint à se tourner vers les États-Unis.

Quand Elizabeth II avait accédé au trône, l'Empire était bien plus grand. Le début de son règne, dans les années 1950, a coïncidé avec le début de la grande vague de décolonisation : Pakistan, Afrique du Sud, Sri Lanka, île Maurice, Guyana, Trinité et Tobago… L'Inde avait rompu peu avant, en 1947. Le dernier départ en date avant la Barbade était Hongkong, rétrocédé à la Chine en juillet 1997, à l'expiration du bail de 99 ans concédé aux Britanniques.

Le Commonwealth, association d'États indépendants, avait à cœur de perpétuer les liens culturels et commerciaux entre les États. La reine, qui tenait fermement à ce rôle, présidait l'association. 56 États, dont la quasi-totalité étaient des vestiges de l'empire. Le Commonwealth a en fait servi d'amortisseur au mouvement de décolonisation. La mort d'Elizabeth II est une nouvelle étape de cette « désoccidentalisation » du monde, puisque la souveraine aura été la dernière à avoir régné sur tous les continents.

## *48. L'incroyable chute d'influence de la City*

Sur le marché de la Bourse, le match France-Angleterre est relancé, avec un avantage inattendu pour l'Hexagone. La fameuse City, la Bourse de Londres, a été pendant un siècle ce que Wall Street est aujourd'hui, à savoir le cœur de la finance mondiale. La finance et la Bourse ont toujours été une spécialité britannique, avec une expertise reconnue sur la planète entière.

Selon Bloomberg, la valeur des sociétés cotées à Paris serait devenue pour la première fois supérieure à celles cotées à Londres. En novembre 2022, le Palais Brongniart valait 2 823 milliards de dollars, soit un tout petit peu plus que la City qui chiffrait à 2 821 milliards. Ce dépassement est significatif quand on prend un peu de recul. En 2016, les Anglais nous surpassaient de 1 500 milliards. Une grosse dégringolade.

Cette victoire française s'explique d'abord par la glissade des Anglais. Ils sont victimes de la désaffection des investisseurs, qui a fait chuter la livre sterling. Il y a donc en partie un effet de change. Ils pâtissent également d'une crise économique plus profonde que la nôtre. Par exemple, le groupe de distribution Marks & Spencer a bu la tasse de 40 %. D'autres entreprises, comme la compagnie aérienne Ryanair, ont quitté Londres à cause du Brexit. Déjà en 2021, la Bourse de Londres avait été dépassée par celle d'Amsterdam, non pas en valeur mais sur le montant des transactions.

Sur le plan boursier, la France a mieux résisté grâce au poids qu'occupe le secteur du luxe. L'industrie a profité du réveil de la consommation chinoise après le Covid, et de ventes très dynamiques aux États-Unis, en particulier dans les villes moyennes du pays.

LVMH est la plus grosse capitalisation boursière européenne. Le groupe valait 355 milliards d'euros en novembre 2022. Il en vaut maintenant plus de 400. Le luxe, c'est aussi Hermès (200 milliards), L'Oréal (220 milliards) et Kering (65 milliards), propriétaire de Yves Saint Laurent et de Gucci. Ces quatre-là n'ont pas connu la crise.

Le Brexit, dans la façon dont il a été géré, a joué aussi dans la dégringolade britannique. Scandales à répétition, inconséquences, errances, le commerce avec l'Europe a chuté. Rishi Sunak, au pouvoir depuis octobre 2022, a devant lui un chantier considérable pour rétablir la confiance internationale. En Europe, les gouvernements augmentent les aides aux entreprises ; en Grande-Bretagne, cela va commencer par plusieurs dizaines de milliards d'euros de hausse d'impôt.

### *49. L'aide aux entreprises, nouveau credo européen*

Le représentant des entreprises françaises, le MEDEF, redoute que les différences d'aides mises en place par les pays européens face à la montée des prix de l'énergie ne créent une distorsion de concurrence. Les sociétés de l'Hexagone pourraient en être les victimes. En clair, si les autres pays aident davantage leurs entreprises que la France, les conditions de production ne seront plus les mêmes au sein du marché unique.

Cela donnera un avantage à certains, qui pourront vendre moins cher et écraser les autres producteurs moins aidés. En particulier dans l'industrie, l'automobile par exemple, très consommatrice d'énergie. L'Allemagne prévoit 200 milliards d'euros d'aides sur deux ans, bien davantage que ce qu'a décidé la France.

Avant la pandémie, les aides d'État aux entreprises étaient contrôlées par la Commission européenne pour éviter le favoritisme national. Le système a explosé au moment de la crise

Covid. On a permis aux États d'aider leurs entreprises à leur guise, sans les embêter. Du coup, l'État le plus riche, et aussi le mieux géré, il faut le dire, bénéficie de la plus grande marge de manœuvre. Et le paradoxe, c'est que Bruxelles est devenue peu regardante sur les aides et, au contraire, très rigide sur le prix de l'électricité, qui détermine aussi la compétitivité.

*De facto*, c'est Bruxelles qui fixe le prix de l'électricité. Les règles du marché européen imposent que le prix de l'électricité soit lié à celui du gaz. L'Espagne, le Portugal et la Grèce ont toutefois obtenu une dérogation, qui leur permet de fixer le prix de l'électricité à partir de leur coût de production national. La France et d'autres voudraient qu'on aille plus loin et que chaque pays puisse fixer son tarif. Mais Bruxelles n'en démord pas. La Commission européenne redoute la fragmentation du marché unique. En résumé, on veut maintenir les règles communes pour le prix de l'électricité, mais pas pour les aides d'État. Le résultat risque d'être problématique avec l'affaiblissement des entreprises dans les pays où elles sont moins aidées et des délocalisations dans les zones du monde où l'énergie est moins chère, comme en Asie et aux États-Unis.

### *50. L'industrie américaine contre l'Europe…*

Toutes dents dehors, c'est ainsi que se comportent les États-Unis, nos alliés sur le plan militaire et stratégique, nos concurrents sur le terrain économique. Nous, Européens, avions déjà perdu la bataille des GAFAM (Google, Amazon, Facebook, Apple, Microsoft), mais nous comptions nous rattraper sur les technologies vertes, la voiture électrique et les énergies renouvelables, qui n'intéressaient guère l'Amérique de Donald Trump, concentrée sur les bons vieux pick-up à 20 litres/100 km et l'exploration pétrolière.

Voilà que tout change avec Joe Biden, qui déploie ses atouts pour attirer les usines : un prix de l'énergie hypercompétitif, inférieur de 50 % au nôtre, des centaines de milliards de subventions publiques et des mesures protectionnistes efficaces. Et c'est spectaculaire. BMW a annoncé près de 2 milliards d'investissements dans son usine de Spartanburg, en Caroline du Sud, pour produire 6 modèles électriques d'ici 2030. Le norvégien Freier mise 2,6 milliards dans une usine de batterie en Georgie, tout comme Northvolt, qui abandonne l'Europe pour l'Amérique parce que les subventions y sont quatre fois plus importantes. L'italien Enel projette d'installer aux États-Unis une usine de panneaux solaires qui sera son deuxième site le plus important. L'espagnol Iberdrola mise en Amérique la moitié de ses 47 milliards d'investissements dans les renouvelables. Rien que dans l'automobile, il y a un boom d'investissements qu'on n'a pas vu depuis un demi-siècle, dont les principaux bénéficiaires sont les États du sud du pays, Tennessee, Georgie et Kentucky. La réindustrialisation est en marche, mais pas chez nous. En Amérique !

### *51. … et la lente réaction de Bruxelles*

Mais alors que fait l'Europe ? Elle se laisse manger ? Au début, elle a gémi, en demandant que ses exportations en Amérique ne soient pas pénalisées. C'est ce qu'a fait Emmanuel Macron lors de sa visite officielle aux États-Unis. Mais rien n'a été obtenu à ce jour. L'Europe a donc menacé de saisir l'OMC, le tribunal du commerce international, dont personne n'a rien à faire, surtout pas les Américains. Du bla-bla, en somme.

Timidement, l'Europe commence à réfléchir. Un plan de la Commission devrait assouplir les autorisations d'aides publiques aux industries de la transition énergétique et redéployer l'argent du fameux plan de relance post-Covid, qui n'a pas encore été dépensé entièrement. Des plans sectoriels ont été lancés, pour renforcer l'Europe en matière de semi-conducteurs ou de terres rares, ces matériaux stratégiques dont l'industrie de la transition climatique a besoin.

Mais il faut l'autorisation de Bruxelles pour subventionner une usine de batteries en Europe. Ce sont les règles du marché unique, pour limiter les aides d'État. L'idée, c'était d'empêcher que les grands États, qui ont de l'argent, raflent toutes les usines au détriment des petits pays. Bruxelles a ainsi calculé que l'Allemagne et la France représentaient à elles seules 77 % des aides aux entreprises dépensées pendant le Covid ! Ainsi va l'Europe, précautionneuse, peinant à fourbir ses armes dans la guerre économique mondiale qui commence sur la transition énergétique, écartelée entre ses principes et la nouvelle donne stratégique.

La France a toutefois réagi de son côté en faisant adopter une loi « énergie verte » au début de l'été 2023. Elle va autoriser les aides et prévoit des procédures d'autorisation accélérée pour l'implantation des grands sites industriels étrangers sur le territoire. Comme celle du taiwanais Prologium à Dunkerque, qui amène 3 000 emplois et 5 milliards d'euros d'investissement.

### *52. Le Crédit suisse, canard boiteux de la banque*

En mars 2023, le Crédit suisse, l'une des principales banques helvètes, s'est effondré. Malade depuis des années, quittée par ses clients, la banque était délaissée par son principal actionnaire, qui a annoncé ne plus vouloir remettre d'argent au pot. Le problème, c'est que la banque suisse a momentanément fait chuter les cours des autres établissements bancaires européens, français en particulier, qui sont pourtant en bonne santé.

Un malade peut entraîner les bien-portants pour deux raisons. D'abord, parce que, en mourant, il va laisser des ardoises chez les autres, avec lesquels il traite quotidiennement. Inquiets, les investisseurs se débarrassent des actions des bien-portants aussi, par précaution.

Plus important encore, les boursiers raisonnent comme les moutons de Panurge, qui sautent tous du bateau en même temps, par mimétisme, sans réfléchir. Depuis le début de l'année 2023, plusieurs banques se sont retrouvées en crise de liquidité, en Amérique d'abord, puis en Europe. Le secteur bancaire est malade, donc on vend ses actions bancaires. Et tant pis si c'est exagéré, car quand on est boursier, il vaut mieux avoir tort avec tous les autres qu'avoir raison tout seul.

Pourtant, nos banques ne sont pas en danger. Elles ont des réserves financières très importantes, beaucoup plus qu'en 2008, avant la dernière crise financière. Il est vrai que, dans les moments de panique, le montant des réserves n'a guère d'importance. La peur n'est pas rationnelle, elle provoque des ventes massives et une méfiance généralisée. C'est la raison pour laquelle les autorités financières américaines ont nationalisé les établissements concernés en Californie, en garantissant tous les dépôts. Dans ces moments-là, seuls les États, aux moyens réputés illimités, peuvent faire baisser la fièvre et rétablir la confiance, comme les gouvernements européens l'ont fait en octobre 2008, à l'initiative de Nicolas Sarkozy.

Serions-nous à la veille d'une crise semblable à celle de 2008 ? Le problème de fond, c'est la brutale remontée des taux d'intérêt, de part et d'autre de l'Atlantique, pour lutter contre l'inflation. Cela déséquilibre complètement l'économie et le système financier, qui étaient habitués à l'argent gratuit, à taux zéro. De l'argent gratuit avec lequel on a fait pas mal de bêtises, dans la technologie, l'immobilier, la banque, le *private equity*, une sorte de Monopoly très lucratif où l'on s'échange les entreprises comme au souk. Ces bêtises, quand les taux d'intérêt remontent, commencent à coûter cher, puis trop cher et c'est la faillite. Comme dit le célèbre investisseur Warren Buffet, c'est quand la marée se retire qu'on voit ceux qui nageaient sans maillot de bain. Ainsi des banques qui explosent aujourd'hui.

Face à la hausse des prix, il y a deux routes, pas trois. Soit on continue à monter les taux, et c'est le risque de crise financière. Soit on arrête et l'inflation s'emballe. Pas simple… C'est le dilemme récurrent de Mme Lagarde, la présidente de la Banque centrale européenne, et de ses homologues.

### *53. La BCE, vraiment centrale ?*

Mi-mars 2023, après avoir fortement chuté, le cours des valeurs bancaires s'est péniblement stabilisé. Mais une nouvelle banque américaine,

First Republic, a dû être sauvée à coups de dizaine de milliards, tandis qu'en Europe, le Crédit suisse a été sauvé *in extremis* par UBS.

Et pourtant, dans ce contexte, la Banque centrale européenne, garante de la stabilité du système financier, a pris le risque de monter à plusieurs reprises ses taux d'intérêt pour les porter au plus haut depuis 2008. Le tout, au nom de la lutte contre l'inflation.

Or cette décision prise dans un climat explosif fragilise encore davantage les banques. D'une part, des taux plus élevés, cela signifie des emprunts plus chers, donc une économie qui ralentit. Il y a un risque de faillites supplémentaires, c'est-à-dire de crédits non remboursés, qui affaiblissent les comptes des banques. Certes, l'inflation va diminuer, mais la croissance aussi. D'autre part, une telle hausse fait baisser le cours des obligations que détiennent les banques, dans leurs réserves financières qui, ce faisant, s'amoindrissent. Le matelas de sécurité est troué !

L'argument de fond de la Banque centrale européenne, c'est qu'il faut contrer la hausse des prix, parce qu'elle mord sur le pouvoir d'achat et risque de plomber la croissance. Or le mandat de la BCE consiste à maintenir la stabilité des prix. L'argument est surtout porté par les pays du nord de la zone euro, l'Allemagne et les Pays-Bas, qui subissent une inflation plus élevée et sont culturellement hostiles à la hausse des prix.

Mais il y a une autre raison, de circonstance cette fois : montrer qu'on n'a pas peur. Renoncer à monter les taux d'intérêt, alors que cela avait été annoncé, cela reviendrait à avouer que les responsables économiques craignent une crise financière. Les monter, c'est afficher sa confiance dans le système bancaire européen.

Dans cette décision, il y a un risque. Si tout cela était une partie de poker, on appellerait ça du bluff. La nature fondamentale du face-à-face entre les banques centrales et les marchés financiers, dans les périodes de crise, est psychologique. Le seul vrai socle de la finance internationale, de la banque, de tous les métiers de l'argent, de l'économie, c'est la confiance, pas la technique. En poursuivant son programme de hausse des taux, la BCE cherche à inspirer confiance, pour combattre la méfiance qui gagne. Elle veut reprendre l'ascendant sur les marchés financiers, qui se comportent comme des drogués attendant leur dose d'opium pour apaiser leur douleur.

En 2008, juste avant le début de la crise financière, la BCE avait aussi augmenté ses taux d'intérêt, à contretemps. Elle avait dû faire marche arrière immédiatement. En 2011, la même situation s'était produite, avant l'aggravation de la crise de l'euro. Le moins qu'on puisse dire, c'est que le bluff n'a jusqu'ici pas vraiment réussi à la BCE.

### *54. Les mafias à la conquête de l'Europe du Nord*

Fin septembre 2022, une voiture chargée de fusils kalachnikov, de gilets pare-balles et de ruban adhésif a été retrouvée à proximité du domicile d'un ministre belge. Les passagers ont été interpellés, ils étaient liés au crime organisé et projetaient de kidnapper le responsable politique.

La tentative d'enlèvement était sans doute destinée à faire pression pour libérer des gros bonnets arrêtés quelques mois plus tôt. On voit ce genre de pratiques au Mexique. Il s'agissait de membres de la « Mocro Maffia », une organisation criminelle d'origine marocaine basée à Dubaï et spécialisée dans le trafic de cocaïne.

L'organisation a investi la Belgique et les Pays-Bas *via* Anvers et Rotterdam. Ces villes abritent les deux plus grands ports européens, qui sont deux points d'accès importants pour la poudre blanche. À lui seul, le port d'Anvers ferait transiter 1 000 tonnes de cocaïne par an, pour une valeur de 50 milliards d'euros. Cela représente 20 à 25 % des flux qui arrivent en Europe. L'argent du trafic est investi par les mafieux au Maroc, dans l'immobilier, en particulier sur la côte, autour de Tanger.

10 % du trafic seulement est saisi. Les mafias sont très bien organisées. Elles corrompent des transporteurs et recrutent jusqu'aux dockers pour faciliter les passages, avec des sommes estimées entre 10 000 et 50 000 euros par mois par bénéficiaire. Tout un réseau a été mis en place : des vendeurs, des guetteurs et autres auxiliaires des trafics, souvent très jeunes. Ces recrues viennent des banlieues d'Anvers, noyautées par le syndicat du crime, qui organise sa propre police et y multiplie les exactions. Des salles de torture ont même été retrouvées avec du matériel vidéo destiné à effrayer les récalcitrants et les rivaux.

La situation en Suède est presque pire. Depuis plusieurs années, le nombre de fusillades ne cesse de grimper, avec des dizaines de morts par an à cause des règlements de comptes entre gangs. Les quartiers de banlieue ont été mis en coupes réglées. Le pays est désormais l'un de ceux en Europe où le nombre de morts par balles est le plus élevé, rapporté au nombre d'habitants derrière la Croatie. C'est l'une des conséquences du laxisme suédois en matière d'immigration, qui a permis la constitution d'une quarantaine de familles mafieuses, avec des ramifications à l'étranger.

En juin 2022, Europol a néanmoins réussi un coup magistral. 800 trafiquants, dont 150 originaires de Suède, ont été arrêtés. Mais dans les pays les plus concernés, les autorités se disent dépassées par l'ampleur du problème et la progression de l'hyperviolence. D'où le très bon score obtenu par le parti d'extrême droite suédois lors des récentes élections législatives.

### *55. Le retour de la violence politique*

Les manifestations contre la réforme des retraites ont été ponctuées de violences et de dégradations, et l'on a vu des scènes de pillage inouïes durant les émeutes du printemps 2023. Mais la France n'est pas isolée.

Depuis 2021-2022, on constate une flambée d'émeutes et de violences sans précédent dans le monde. Sur 198 pays étudiés, l'assureur Allianz nous apprend que 101 d'entre eux ont vu le risque de violences politiques augmenter de façon significative. Au point que, selon le courtier Howden cité par le *Financial Times*, le coût des dégâts causés par les émeutes ne cesse d'augmenter et dépasse désormais celui du terrorisme. Dans certains pays comme l'Afrique du Sud, ce coût dépasse aujourd'hui celui des catastrophes naturelles.

Au Chili, ce sont des émeutes contre la vie chère, avec vandalisme de supermarchés, pharmacies et infrastructures de transport. Les violences politiques sont revenues en Afrique du Sud et constituent les plus importantes depuis la fin de l'apartheid : 330 morts. Le mouvement Black Lives Matter, après la mort de George Floyd lors d'une interpellation par la police aux États-Unis, a dégénéré dans de nombreuses villes. Et l'année 2023 a démarré sur les chapeaux de roues, avec de violents mouvements sociaux au Brésil, au Pérou et en France.

L'assureur Allianz identifie plusieurs facteurs à ce regain de violence. La crise du pouvoir d'achat consécutive à l'inflation, d'abord. L'assureur relève que des manifestations contre le prix du carburant ont eu lieu sur tous les continents. La méfiance croissante à l'encontre des institutions, des gouvernements et des politiques. La polarisation croissante du débat, c'est-à-dire la radicalisation des opinions, y compris dans les démocraties les plus anciennes comme aux États-Unis. Une forte augmentation de l'activisme politique. Et, bien sûr, la crise climatique, avec les peurs qui lui sont associées. Tout cela sans compter le rôle des réseaux sociaux.

Car ces médias accroissent la polarisation, justement, avec des forums de discussion où se retrouvent des gens de la même opinion, sans contact avec d'autres informations ou analyses. Ils augmentent aussi la résonance des événements, en propageant l'émotion en temps réel. Et enfin ils permettent l'organisation très rapide de manifestations simultanées à plusieurs endroits différents.

L'assurance contre les dégâts des violences politiques était jusqu'ici un business tranquille, sauf en cas de guerre, bien sûr. Aujourd'hui, ce n'est plus le cas. Pour donner une idée du coût, six épisodes d'émeutes récentes représentent un total de 12 milliards de dollars en destructions... Conséquence, cette branche s'enfonce dans le rouge. Et les primes s'envolent. Le prix de la couverture du risque de violence politique a progressé de 80 % par rapport à 2018. Un indice que notre monde ne connaît pas seulement un réchauffement climatique mais aussi politique.

### *56. L'extrême droite en Suède, une leçon*

Le parti d'extrême droite a été le grand vainqueur des élections législatives de 2022 en Suède. Le succès des populistes y est d'autant plus étonnant que la Suède est l'un des pays les plus prospères d'Europe et a connu l'une des reprises les plus fortes après le Covid. En juin 2022, l'économie suédoise était en croissance de 4 % par rapport à la fin 2019, alors que la France et l'Allemagne enregistraient le même PIB ou presque. La Suède est aussi par excellence le pays du compromis, celui où une sage social-démocratie règne depuis des décennies, où l'État-providence est l'un des plus étendus au monde.

Mais la croissance économique ne suffit pas. C'est la leçon qu'il faut tirer de ce scrutin qui a donné la victoire à une coalition de droite, avec un avantage au parti d'extrême droite. L'essentiel de la campagne a porté sur l'immigration, massive en Suède, notamment lors de la crise des réfugiés de 2015. On estime que 20 % des

10 millions d'habitants suédois sont nés à l'étranger. La Suède est le pays occidental qui a accueilli, en proportion, le plus d'étrangers. Sans parvenir à les intégrer.

Résultat : les écoles, les hôpitaux et le système de gestion du droit d'asile sont littéralement submergés. Et l'extraordinaire poussée de violence que connaît le pays est attribuée à l'immigration, en particulier à la guerre des mafias et aux gangs, qui déclenchent régulièrement des fusillades, la dernière en date s'étant produite à Malmö en août 2022.

Même l'économie suscite des mécontentements, en particulier dans les zones rurales, à cause de la hausse des prix liée à la flambée de l'énergie. Sur le plan économique, le parti nationaliste avait axé sa campagne sur le maintien des allocations chômage et sur des mesures de soutien au pouvoir d'achat. C'est ainsi qu'ils ont attiré des voix de gauche modérée et de syndicalistes. Avec un mot d'ordre simple : la Suède d'abord.

Le retournement est d'autant plus marquant que la Suède est un pays qui ne cessait de revendiquer jusqu'ici son modèle de tolérance multiculturaliste. Il y a désormais un rejet de l'étranger dans toute une partie de la population.

Même l'inflation est vue comme un mal venant de l'étranger, puisque l'énergie est en partie importée.

On retrouvera le même scénario en Italie, en septembre 2022, avec la victoire de Georgia Meloni et de l'extrême droite. Il faut dire qu'entre les deux pays, il y a des similitudes : rejet de l'immigration – l'Italie est aux premières loges des arrivées illégales avec l'île de Lampedusa – et hausse des prix. Quand on additionne immigration et inflation, on obtient du populisme.

### *57. Italie : démographie à la traîne et croissance en berne*

La dette publique de l'Italie s'élève à 2 700 milliards d'euros. Mais cette dette n'est que la conséquence d'un autre mal, beaucoup plus grave. Depuis le début du XXIe siècle, la France et l'Allemagne ont vu leur PIB progresser d'environ 30 %. Dans le même temps, celui de l'Italie, lui, n'a progressé que de 4,7 %. 4,7 % en vingt-deux ans, c'est la croissance zéro sur une génération. Entre 1980 et 2000, le PIB italien avait progressé de 55 %. Le pays était la star de l'Europe occidentale.

La mise en place de l'Union monétaire européenne, avec la fixation des taux de change des devises, a marqué le véritable point de basculement. À partir de ce moment-là, l'Italie ne pouvait plus dévaluer. Et son économie s'est mise à plonger, comme si le pays n'avait jamais réussi à s'adapter au nouveau régime monétaire, lui qui dévaluait sans arrêt pour rétablir sa compétitivité.

Il aurait fallu alors contrôler les coûts salariaux et investir pour faire monter en gamme les produits nationaux. L'Italie, et en particulier le sud du pays, en dessous de Florence, Rome comprise, ont subi l'euro. L'Italie du Nord, plus industrielle, se porte bien mieux.

La démographie est une autre cause de cet effondrement. L'Italie est l'un des pays les plus vieux au monde avec le Japon. Sa fécondité s'est effondrée, au point que le solde naturel – la différence entre les naissances et les décès – est largement négatif aujourd'hui. En 2020, il n'y avait jamais eu aussi peu de naissances depuis la fondation de l'Italie, au milieu du XIXe siècle.

La population a atteint son zénith en 2013, avec 61 millions d'habitants. Aujourd'hui, il y a moins de 59 millions d'Italiens. En 2020, la péninsule a perdu 400 000 habitants, en raison de la forte hausse de la mortalité due au Covid et du départ des jeunes vers l'étranger.

Depuis 2014, l'Italie a perdu 900 000 émigrés, selon l'Istat (Institut national de statistique). Pour l'essentiel, il s'agit de jeunes, en moyenne assez qualifiés, en provenance du Sud, qui n'ont aucune perspective professionnelle. Parallèlement, la pression migratoire entrante est forte. Des Africains, des Libyens ou des Syriens veulent entrer sur le territoire.

L'Italie exporte des jeunes qualifiés pour importer des migrants non qualifiés et peu intégrés. Un désastre humain, social et économique, qui se retrouve dans les chiffres de la croissance et de la dette.

### *58. L'économie de la Russie lutte contre l'asphyxie*

Le 21 février 2023, Vladimir Poutine a expliqué que les sanctions internationales renforçaient l'économie russe, au moment où Emmanuel Macron déclarait, lui, que la Russie en souffrait beaucoup. Qui dit vrai ?

En réalité, ni l'un ni l'autre. Ce qui est sûr, c'est que nous, les pays occidentaux, avons surestimé l'impact des sanctions économiques prises au déclenchement de la guerre d'Ukraine, en imaginant que la Russie allait s'effondrer. Il n'en a rien été.

Selon les chiffres officiels, le pays a connu une récession d'un peu plus de 2 % en 2022, ce qui n'est pas grand-chose. Et si les chiffres officiels embellissent sans doute un peu la situation, la Russie n'a pas connu la catastrophe économique que pronostiquaient et souhaitaient les Européens.

Mais les choses sont peut-être en train de changer. La résistance russe s'expliquait par la manne considérable que représentent les ventes de pétrole et de gaz, dont les coûts ont explosé à l'été 2021. Même si les volumes livrés en Europe ont chuté, les recettes de Moscou ont été bien plus importantes, parce que les prix étaient plus élevés. Là-dessus, les sanctions ont joué à contresens, elles ont aidé la Russie, en provoquant l'emballement des coûts. Avec cet argent, Moscou a augmenté l'investissement public dans la fabrication d'armement et la sidérurgie. Un engagement de l'État qui a compensé la chute de la consommation et le départ des investisseurs étrangers. En gros, le pays fabrique plus de munitions, mais moins de voitures qu'avant – la production de véhicules s'est effondrée de 60 %.

Les sanctions devaient aussi restreindre l'accès du pays aux technologies. Cet objectif est atteint, mais de façon partielle. En effet, des pays tiers, comme la Chine, la Turquie, ou les Émirats, continuent d'exporter du matériel sensible en Russie. Selon le *Wall Street Journal*, les importations de semi-conducteurs pèsent 33 millions de dollars par mois, contre 35 avant le conflit, et viennent majoritairement de Chine. Il arrive même des pièces détachées pour les Sukhoi, les avions de combat, des systèmes de navigation, des antennes pour les appareils de brouillage, des drones, et même des routeurs de télécommunications fabriqués par Cisco, alors que l'entreprise américaine a cessé toute vente depuis l'invasion. La vérité est désagréable : l'Occident ne fait plus la loi sur le commerce. L'économie mondiale est en train de se fragmenter en blocs, en fonction des alliances géopolitiques, avec des règles différentes selon chaque bloc.

Les exportations russes ont pu être bloquées mais de façon partielle, là encore, pour la même raison. Le pétrole russe est toujours acheté, à prix cassé, par la Chine, l'Inde, qui n'en prenait pas un baril avant la guerre, et l'Afrique du Sud. On rencontre la même situation pour les engrais, et pour les céréales, la Russie étant le premier producteur mondial de blé.

Mais la situation se détériore. Le fait majeur du début de l'année 2023, c'est que l'Europe s'est délivrée de la dépendance énergétique russe. Les coûts du gaz sont retombés, et les recettes de Moscou ont chuté. Conséquence : le déficit budgétaire russe explose, 25 milliards sur le seul mois de janvier. La guerre va être plus difficile à financer. Grâce à l'effort de l'Europe – la crise énergétique a coûté 800 milliards d'euros aux gouvernements du vieux continent, et bien davantage aux consommateurs –, des temps plus difficiles s'ouvrent pour la Russie.

### *59. L'étrange alliance sino-russe*

Du point de vue chinois, une coopération avec la Russie présente deux intérêts majeurs.

D'abord, contrer les États-Unis pour renforcer ce front des non-alignés dans lequel la Chine a réussi à agréger l'Arabie Saoudite, l'Inde et une dizaine de pays. En septembre 2022, Xi Jinping a ainsi réuni à Samarcande en Ouzbékistan l'Organisation de coopération de Shangaï (OCS). L'OCS est un peu le contre-OTAN, l'OTAN chinois, même si ce n'est pas une organisation militaire mais stratégique. La Chine s'entoure de puissances qui ne considèrent pas l'alignement sur les États-Unis comme une bonne chose.

Ensuite, il y a une motivation économique : racheter les actifs russes, les matières premières et l'énergie à faible prix, profiter du fait que ce pays va être mis au ban de la communauté mondiale. C'est ce qui se passe aujourd'hui avec le pétrole : le pétrole russe est vendu avec 30 % de décote par rapport aux marchés internationaux. Pourquoi ne pas prendre la propriété des entreprises qui ont été délaissées par les Occidentaux afin de les acheter à prix cassé ?

Mais ce n'est pas un soutien inconditionnel. Il y a une vraie différence entre la proclamation d'amitié entre Moscou et Pékin, qui date de février 2022 et cette réunion de Samarcande, six mois plus tard. Xi semble avoir pris ses distances devant l'entêtement de Poutine, parce que les Chinois sont d'accord pour mettre en difficulté Washington mais pas au point de provoquer une nouvelle guerre mondiale. Pékin profite de cette guerre parce qu'elle offre l'espace stratégique pour que la Chine puisse se présenter comme une médiatrice entre le maître du monde déclinant et une puissance de troisième rang comme la Russie. La Chine ne craint pas grand-chose.

Elle souhaite pouvoir s'affirmer comme le futur leader mondial, pacifique celui-ci, au contraire des États-Unis.

### *60. La nouvelle guerre froide*

En 1949, lorsque Mao Zedong prend le pouvoir, la Chine représente 5 % du PIB mondial. Peu d'évolution jusqu'en 1979, date à laquelle Deng Xiaoping lance sa politique de réformes. Depuis, en quarante ans, la Chine est passée de 5 % à plus de 20 % du PIB mondial (en parité de pouvoir d'achat). On n'a jamais connu un tel rattrapage à cette échelle.

Cette croissance économique sert de soubassement au développement de sa puissance militaire. La Chine s'équipe en matière de défense. Elle est l'un des pays dont le budget militaire croît le plus. Ce n'est d'ailleurs pas un hasard qu'elle ait pris fait et cause pour la Russie. Avec ses alliés, les non-alignés, elle essaie de composer un front anti-Américain, anti-Occident, afin de s'imposer comme un maître alternatif du monde. Le fait géopolitique majeur des prochaines années est donc la rivalité à venir entre la Chine et les États-Unis, une sorte de nouvelle guerre froide. Pas une semaine ne passe sans que les États-Unis décident d'interdire l'exportation en Chine de tel ou tel matériau de telle ou telle entreprise qui commercerait avec la Chine. Cette politique vise à essayer d'isoler le géant asiatique de l'économie mondiale.

Formellement, Trump est le premier à avoir désigné la Chine comme ennemie et il a eu raison. Les tensions se sont accumulées sous les deux présidences d'Obama, en particulier durant la seconde. Au départ, Barack Obama n'avait pas vraiment de stratégie. Petit à petit, il a mis en place ce qu'il a appelé le « pivot asiatique », c'est-à-dire une offensive stratégique destinée à contrer l'expansion chinoise, mais sans l'affirmer explicitement. Trump, lui, l'a dit. On a pris cela pour une foucade, une manifestation de son intempérance. En réalité, Joe Biden a repris exactement les mêmes thèmes et les mêmes mots. Les États-Unis ont même fini par caractériser la Chine de « rival systématique ».

### *61. Xi Jinping, « zéro Covid » et une dérive autoritaire*

Parallèlement, un autre phénomène est apparu en Chine : le renforcement du pouvoir de Xi Jinping, le maître actuel du pays, et le durcissement de ce régime qui a retrouvé ses fondamentaux maoïstes. À savoir : le culte de la personnalité, un régime très autoritaire, avec une politique zéro Covid qui a littéralement fermé le pays, et une Amérique de plus en plus hostile.

Jusqu'ici, et depuis des décennies, le pouvoir communiste avait développé une image de compétence. Dictatorial, il était largement corrompu. Mais compétent. Et même, selon les Chinois, plus compétent que les gouvernements démocratiques occidentaux. En témoignait l'extraordinaire croissance économique du pays depuis trente-cinq ans. Or, le pouvoir chinois s'est magistralement planté sur la gestion du Covid, qu'il aurait voulu utiliser comme signe de la supériorité chinoise par rapport au reste du monde. Et désormais la crise bancaire et financière pointe, à cause de la chute de l'immobilier.

Mécaniquement, cela a déclenché un engrenage que l'on voit se développer dans l'actualité économique. Il y a encore quelques années, les entreprises chinoises se faisaient coter à Wall Street pour récupérer de l'argent. Aujourd'hui, on les encourage à revenir se faire coter à Shanghai ou à Hong Kong de façon à rétablir une démarcation. C'est ce qu'on appelle le « rideau de bambou ».

Les Chinois ne veulent pas tant être les maîtres du monde, que ne plus subir les décisions des autres et notamment des Américains. En particulier dans ce qu'ils appellent leurs « banlieues » stratégiques, c'est-à-dire toute la mer de Chine et tous les pays tributaires alentour qui sont depuis toujours des satellites chinois. Ils considèrent que la mer de Chine est une mer intérieure et veulent récupérer Taiwan. C'est l'élément le plus important de leur politique étrangère et militaire, cette petite île qui se trouve en face de la Chine, occupée par les nationalistes depuis 1949, désormais indépendante et reconnue par 14 pays dans le monde. C'est un pays prospère et démocratique mais Pékin voudrait en faire l'une de ses provinces.

On peut ajouter à cela une poussée nationaliste, qui sert de ciment à un pays où le contrat économique et social est rompu. Pourquoi ? Parce que la longue période de croissance est en train de se terminer. Le rattrapage est effectué, à l'instar de ce qui s'est passé au Japon dans les années 1980 ou en Corée dans les années 1990. Le nationalisme permet au régime autoritaire de coaliser la population autour d'un objectif intelligible par tous. C'est la dérive classique des régimes autoritaires.

### *62. La Chine ne vend pas du rêve*

La Chine semble en passe de pouvoir conquérir la place de numéro 1 mondial grâce à la démographie et à l'économie. Mais une chose l'en empêche : pour être maître du monde, il faut savoir donner envie. C'est-à-dire avoir des valeurs à même d'irriguer la planète. C'était le cas des États-Unis. Nous mangions McDo, regardions des films américains, voulions des voitures américaines, nous avons enfilé des jeans. Nous avons adopté le mode de vie américain. Et tout réfugié quel qu'il soit souhaitait fuir en Occident et aux États-Unis, pays dans lesquels les droits de propriété sont garantis.

Personne ne veut aller en Chine, et c'est une grande faiblesse de ce pays dans la course au leadership mondial. La Chine est même probablement plus faible sur ce point que l'URSS. Dans les années 1970-1980, le monde communiste faisait rêver une partie des Occidentaux. On imaginait un monde plus égalitaire, rêve qui était relayé par les partis communistes occidentaux. La Chine n'a pas de relais. La seule image qu'elle renvoie est celle d'un pays fermé, autoritaire, qui embastille les libraires et les opposants et passe à la trappe les milliardaires.

Elle a beau tenter d'exporter ses séries, de produire des chaînes de radio et de télévision en langues étrangères, elle n'est pas parvenue à entrer dans les cerveaux des jeunes du monde entier. Sinon, certes, avec le réseau social TikTok. Son système d'information relève de la pure propagande. Ses films commerciaux, qui commencent à arriver sur les plateformes, ont une dimension caricaturale qui les rend moins attrayants et ne déclenche aucun fantasme chez nous. Tant qu'elle sera incapable de vendre du rêve à l'échelle planétaire, la Chine communiste devra se contenter de jouer dans son jardin.

Nous nous trouvons donc dans une situation où un géant ne peut plus être le maître du monde, les États-Unis, et où un autre, la Chine, ne peut pas le devenir. Or, la croissance des quarante dernières années est directement liée au fait que les États-Unis dominaient. Quand il y a un maître du monde, le commerce lointain est sans danger. La mondialisation était fille de l'hyperpuissance américaine, qui contraignait les dictateurs à se montrer discrets, et permettait d'investir facilement en Russie, en Chine ou au Kazakhstan, sans risques. Le maître du monde avait imposé des normes financières : une monnaie mondiale, le dollar, qui facilite les échanges. Sans calme géopolitique, il n'y a pas de mondialisation.

Avec l'effacement américain, la mondialisation s'est fragmentée en zones d'influence : la zone occidentale, européenne et américaine, relativement unie malgré les tensions sous l'ère de Trump ; la zone chinoise, qui comprend la Chine et sa banlieue stratégique : l'Asie et certains pays d'Afrique qui dépendent d'elle ; la zone turque, recomposée sous la forme de l'Empire ottoman.

### *63. Chine-États-Unis, une guerre silencieuse*

Les relations économiques entre la Chine et les États-Unis, naguère très étroites, ne cessent de se distendre. Deux faits en témoignent. D'abord, l'information publiée par le *Financial Times*, que le géant du logiciel Microsoft projette d'exfiltrer hors de Chine les chercheurs d'un laboratoire de premier plan qu'il a monté sur l'intelligence artificielle. Il veut les installer à Vancouver, au Canada. Il craint que ses concurrents chinois ne viennent recruter ces talents sur un domaine critique et redoute que les ingénieurs refusant de céder aux sirènes chinoises ne soient harcelés par les autorités de Pékin pour collaborer, voire espionner au profit des firmes locales.

L'autre événement touche un énorme fonds d'investissement, Sequoia, qui a tout bonnement décidé de se scinder. Il a constitué une société spécifique pour ses investissements en Chine, séparée de ses autres activités. Sequoia se trouvait au centre d'un conflit d'intérêts intenable : la Chine lui demandait de placer de l'argent dans les secteurs stratégiques comme les semiconducteurs, alors que Washington interdisait à toute entreprise américaine de le faire, afin de ralentir la progression technologique de Pékin. Mieux valait donc tout simplement couper l'entreprise en deux.

Ce sont des considérations politiques qui provoquent ces divorces. La guerre scientifique et technologique entre les deux géants est de plus en plus vive, particulièrement sur les semiconducteurs et l'intelligence artificielle, à cause de ses applications militaires. La finance aussi est concernée. De façon plus générale, c'est tout le commerce transpacifique, l'artère économique principale de la planète, qui est en train de se transformer.

En 2023, la part de la Chine dans les importations américaines *low cost* en provenance de l'Asie en développement va passer pour la première fois en dessous de 50 %, d'après AT Kearney. Il y a dix ans, c'était 70 %. D'abord parce que les entreprises américaines comme Apple, qui faisait fabriquer tous ses produits dans l'empire du Milieu, mettent en place la stratégie « Chine plus un ». Autrement dit, ils construisent au moins une autre chaîne d'approvisionnement, parallèle à celle de la Chine, pour ne pas être totalement dépendant. L'Inde et le Vietnam sont les grands bénéficiaires de l'opération, car ils ont récupéré sur leurs sols les usines de sous-traitance pour l'exportation aux États-Unis. À vrai dire, il y a aussi la hausse des coûts et des salaires qui incite les industriels à quitter la Chine pour d'autre pays.

La Chine et les États-Unis sont désormais en rivalité sur tous les sujets : l'armement, le contrôle des mers, la technologie, la finance et la diplomatie. Leur compétition dépasse maintenant le simple conflit douanier qui les opposait au début de l'administration Trump. La tension s'est généralisée.

### *64. Taiwan, la pomme de la discorde*

Taiwan est devenu l'épicentre de la crise entre la Chine et les États-Unis. Pourquoi cette île volcanique de 35 000 km², petit territoire de 23 millions d'habitants, intéresse-t-il autant Pékin ? La Chine veut en faire l'une des provinces de sa République populaire.

Aujourd'hui, Taiwan est un pays autonome. Il a un gouvernement, un président élu au suffrage universel et un ensemble de lois spécifiques. Sa langue officielle est le chinois mais ce n'est pas tout à fait le même qu'en Chine populaire. Et le pays est défendu par les États-Unis avec des accords militaires très étroits.

L'île a longtemps été chinoise dans le passé. Elle a été conquise au XVIIe siècle, alors qu'elle était habitée par des aborigènes. L'ethnie Han est venue la coloniser. Elle est devenue japonaise à partir de 1895, puis a été libérée en 1945, avec la défaite de l'empire du Soleil levant.

Au moment de la prise du pouvoir par les communistes de Mao Zedong, en 1949, les « renégats » nationalistes ont fui à Taiwan, installant un gouvernement militaire sous la férule du général Tchang Kaï-chek. Taiwan sera même pendant longtemps la seule Chine reconnue par les pays occidentaux, qui refusaient de dialoguer avec les communistes au pouvoir sur le Continent. Aujourd'hui, c'est une économie développée, qui possède une avance technologique remarquable en matière d'électronique.

Y a-t-il encore des pays qui reconnaissent officiellement le régime de Taiwan ? 14 seulement, dont le Vatican. Mais la Chine exerce une très forte pression sur les autres. Elle multiplie les menaces, les offres de prêts. Tantôt intimidation, tantôt séduction. Elle veut isoler cette entité dissidente, vestige d'une opposition idéologique ancienne, pour se la réapproprier et en faire l'une de ses provinces. Mais les États-Unis lui barrent la route. Jusqu'ici.

### *65. Les Américains défendent leur avance technologique*

Les États-Unis et la Chine se livrent une guerre dans l'un des secteurs les plus sensibles sur le plan technologique : celui des semi-conducteurs. Et les Européens sont entraînés avec eux dans ce conflit. Le gouvernement britannique a annoncé, le jeudi 17 novembre 2022, l'interdiction du rachat, par une entreprise à capitaux chinois, de Newport Wafer. Cette usine de précieux composants, située dans la Silicon Valley du pays, est installée au Pays de Galles.

Sous contrainte, le gouvernement allemand a pris une décision analogue, s'opposant coup sur coup à deux rachats chinois, celui d'ERS Electronic, en Bavière, et de l'usine Elmos de Dortmund. Ces deux entreprises opèrent, elles aussi, dans les semi-conducteurs. Les Américains sont sans aucun doute à l'origine de ces décisions.

Au début du mois d'octobre 2022, le président Biden a interdit l'exportation en Chine de tout matériel ou technologie permettant de fabriquer ces pièces microscopiques, de façon à ralentir les avancées de l'empire du Milieu. La Chine a en effet mis en place un plan d'investissement massif pour s'équiper dans cette branche de l'électronique et devenir le leader mondial.

Or c'est un secteur critique, à cause de ses applications militaires les armements de dernière génération, comme les missiles hypersoniques, et civiles, comme l'intelligence artificielle ou la conduite autonome des véhicules. L'Amérique veut conserver son avance, en particulier pour les pièces qui font quelques millioniėmes de millimètre seulement.

Les États-Unis peuvent-ils imposer leur décision aux entreprises européennes ? Oui, cette méthode s'appelle l'extraterritorialité de la loi américaine. Si une entreprise prend le risque d'enfreindre ces directives, ses responsables ne pourraient plus aller aux États-Unis sans risquer d'être arrêtés et emprisonnés. Leur entreprise ne pourrait plus utiliser le dollar pour mener des transactions internationales sans s'exposer à des poursuites. En gros, c'est un arrêt de mort.

Il existe une chance de bloquer la Chine. La plupart des technologies clés se trouvent dans la sphère occidentale, y compris à Taiwan bien sûr, le pays le plus avancé. Les entreprises taïwanaises travaillaient auparavant avec la Chine. Elles vont devoir arrêter de le faire. En fait, les États-Unis sont en train de reproduire la stratégie adoptée avec Huawei, équipementier en téléphone, pionnier dans la 5G. L'entreprise, soupçonnée d'être liée au pouvoir et à l'armée, avait été asphyxiée et privée des marchés occidentaux. L'une de ses dirigeantes, la fille du fondateur, avait même été arrêtée et emprisonnée au Canada.

Chez nous, plusieurs entreprises risquent d'être touchées. La pépite, c'est ASML, une entreprise néerlandaise, leader mondial de la photolithographie, une technique pour découper le silicium. En France, notre champion, STM, franco-italien en réalité, n'est pas directement concerné. Le groupe fabrique des pièces moins sophistiquées que celles visées par l'interdiction. Par précaution, l'entreprise travaille toutefois à constituer des filières de production et d'approvisionnement spécifique pour le marché chinois, distinct des autres marchés, avec les technologies autorisées. Au cas où l'interdiction s'étendrait à d'autres catégories de produits.

### *66. La guerre froide sous la mer*

La guerre que se livrent la Chine et les États-Unis se joue aussi au fond des mers, autour de gigantesques câbles transcontinentaux.

Le fond des océans de la planète est strié par plus de 430 câbles de télécommunications. Il y en a pour 1,4 million de kilomètres de fibres optiques sous-marines, 35 fois le tour de la Terre, immergées à des profondeurs qui peuvent atteindre plusieurs milliers de mètres. Des infrastructures essentielles, car 95 % de l'Internet y transite, ainsi qu'une part importante des transactions financières internationales – 10 000 milliards de dollars par jour. Inutile de dire que c'est du très haut débit. Sur les plus puissants, il circule l'équivalent de trois fois la bibliothèque du Congrès américain par seconde. Chacun d'entre nous les utilise sans le savoir, car envoyer un e-mail pour Brive-la-Gaillarde, en Corrèze, ou pour Romorantin, en Sologne, peut tout à fait passer par San Francisco ou Singapour.

Ces câbles sont devenus un enjeu stratégique. Les posséder revient à contrôler le trafic, en permettre le développement et en assurer la sécurité. Et cela occasionne des conflits. Mi-février 2022, la Chine a claqué la porte d'un gigantesque projet appelé Sea-Me-We, un câble de quelque 20 000 kilomètres qui devait relier Singapour à Marseille d'ici 2025 *via* le Moyen-Orient. Elle se retire parce que son champion, Hengtong, a été éliminé du contrat au profit d'une entreprise américaine. Hengtong a repris les activités de câbles de télécoms sous-marins de Huawei. Cet épisode illustre le bras de fer que se livrent les deux superpuissances pour le contrôle des infrastructures de télécommunications.

Les enjeux sont très importants. Celui qui maîtrise les infrastructures peut éventuellement les couper, par mesure de rétorsion, par exemple lors d'un conflit. Il peut aussi plus facilement espionner. Et il possède un instrument d'influence. La

Chine multiplie d'ailleurs les lignes sous-marines en Asie ainsi qu'avec l'Europe, dans le cadre de ce qu'elle appelle les « routes de la soie numériques », qui prolongent les vastes infrastructures de transport maritimes et terrestres qu'elle développe entre l'Asie et l'Europe depuis dix ans. Elle possède déjà le câble de télécommunication à filtre optique Peace qui relie Marseille au Pakistan.

En 2020, l'administration américaine a affiché son objectif de disposer d'un réseau de télécoms international « propre », c'est-à-dire dépollué de l'influence chinoise. Côté américain, ce sont les GAFAM qui sont à la manœuvre et qui déploient leurs propres câbles, avec la bénédiction de Washington. En fait, on s'oriente peu à peu vers une partition du réseau internet mondial : une zone d'influence américaine avec ses infrastructures spécifiques, notamment sur les liaisons transatlantiques, et une zone d'influence chinoise.

L'Europe, comme souvent, compte les points. Mais pas la France, il faut le noter. Orange, ex-monopole, détient 25 000 kilomètres de câbles sous-marins. L'entreprise est d'ailleurs partie prenante de plusieurs grandes liaisons transcontinentales. Et les Français possèdent aussi des navires spécialisés capables de surveiller l'état de ces précieuses connexions, voire d'intervenir pour les réparer.

### *67. Une nouvelle guerre de l'opium*

Un haut responsable américain chargé de la lutte contre la drogue nous a prévenus : si la Chine ne prend pas des mesures vigoureuses pour limiter l'exportation de Fentanyl, cette substance qui fait des ravages aux États-Unis pourrait bientôt submerger le monde entier. Le Fentanyl, c'est un produit cinquante fois plus puissant que l'héroïne, hyperaddictif, peu cher, responsable de la majorité des 110 000 morts d'overdose par an aux États-Unis. Rien qu'en 2022, la police américaine en a saisi des quantités telles qu'elles auraient suffi à tuer tous les Américains.

La Chine fabrique des produits chimiques qui constituent la base du Fentanyl, exactement comme pour le Doliprane. Les deux principaux cartels mexicains, le Sinaloa et le Jalisco, se fournissent là-bas grâce à des passeurs qu'ils appellent des Marco Polo, du nom du grand voyageur italien qui a découvert l'empire du Milieu. Et avec les matières premières, ils fabriquent le produit fini qu'ils exportent sur le marché américain, *via* la plaque tournante de Tijuana, à la frontière entre le Mexique et les États-Unis.

C'est un business organisé de façon très classique : matières premières importées de Chine, transformation dans un pays à niveau de vie intermédiaire et consommation dans un pays riche. Les cartels mexicains, comme n'importe quelle entreprise, font en ce moment face à un problème stratégique. Car la marijuana va être légalisée au Mexique, comme elle l'est déjà dans nombre d'États américains. Or, ce qui fait les profits de la drogue, c'est le risque, lui-même causé par l'interdiction. Pas d'interdiction, pas de profits. Ils se reconvertissent donc dans le trafic de Fentanyl, interdit lui, et ultra-rentable, car la matière première ne vaut que quelques dizaines de dollars le kilo. Il est revendu au détail plusieurs centaines de fois son coût initial.

Et la Chine ne coopère pas dans cette lutte contre le crime. Elle l'avait fait, à partir de 2018-2019, en surveillant les sites d'e-commerce locaux auprès desquels on pouvait s'approvisionner en produit fini sur le *dark web*. Pékin avait notamment renforcé les contrôles sur deux ingrédients. Mais en rétorsion à la visite à Taiwan de

Nancy Pelosi, la présidente de la Chambre des représentants, le pays a cessé la coopération en août 2022. L'épidémie risque donc de repartir de plus belle sur les marchés consommateurs.

C'est l'une des catastrophes sanitaires les plus importantes qu'a connues l'Amérique. Et c'est aussi l'une des causes de la chute de l'espérance de vie constatée aux États-Unis. Elle a commencé il y a quelques années avec des produits légaux dérivés de l'opium, comme l'Oxycontin, un antidouleur fabriqué par les laboratoires pharmaceutiques américains. Peu à peu, ces laboratoires, qui connaissaient la toxicité et le potentiel addictif de leurs produits, ont été condamnés lourdement. Mais les cartels de la drogue ont pris le relais avec le Fentanyl. L'usage, d'abord localisé chez les Blancs, jeunes, sans diplôme et sans travail, s'est diffusé largement à la population noire américaine, aujourd'hui la plus exposée au risque du Fentanyl. En France, la drogue est arrivée en 2018 et les saisies opérées par la police augmentent régulièrement. Mais jusqu'où ?

### *68. L'Inde, usine du monde*

Une véritable ruée vers l'Inde se produit. Les Galeries Lafayette ont signé un partenariat avec un groupe local pour ouvrir deux établissements en Inde, l'un à Bombay, l'autre à Delhi. Stellantis, le constructeur automobile et l'ancien Peugeot-Citroën, envisage de délocaliser la construction de ses véhicules électriques en Inde, pour les réimporter en Europe. Le constructeur informatique Apple prévoit d'y installer un quart de sa production pour 2025, alors qu'aujourd'hui la quasi-totalité de ses produits sont construits en Chine.

C'est grâce à la défiance qu'inspire la Chine que l'Inde connaît cet engouement. Tous les groupes mondiaux tentent de réduire leur dépendance vis-à-vis de l'empire du Milieu. D'abord, à cause de la crise du Covid, qui a, un temps, rendu les voyages sur place impossibles. Ensuite parce que l'évolution du pays inquiète, la dictature se durcit et la mésentente avec les États-Unis s'aggrave. Enfin parce que les coûts augmentent. L'âge d'or industriel de la Chine s'achève.

L'Inde a fait les choses à l'envers. Elle a commencé par l'informatique il y a plus de vingt ans.

Le groupe français de service informatique Capgemini emploie la moitié de ses 350 000 salariés en Inde. Rien qu'en 2022, plus de 50 000 personnes y travaillent. Aujourd'hui, l'Inde cherche à se diversifier avec l'industrie, rencontrant déjà un certain succès dans l'électronique et la pharmacie.

Sa croissance a été de 7 % en 2022, plus que celle de l'empire du Milieu. Le pays va devenir la troisième économie mondiale en 2027 avec un PIB qui aura probablement doublé en dix ans. Il avait pourtant mis trente ans pour arriver à 3 000 milliards de dollars, celui de la France aujourd'hui.

Au plan géopolitique, l'Inde est un pays non aligné, poursuivant, à l'occasion de la guerre d'Ukraine, une tradition de neutralité qui date de la guerre froide. Vis-à-vis de la Chine, c'est la détestation à cause de leurs conflits frontaliers persistants, qui font régulièrement des morts. Vis-à-vis de Moscou, il n'y a ni alliance ni animosité, plutôt une forme d'opportunisme. L'Inde achète du pétrole russe depuis la guerre d'Ukraine tout simplement parce qu'il est moins cher. Vis-à-vis des États-Unis, pas d'alignement non plus parce que l'Amérique arme le Pakistan, son ennemi séculaire. Son attitude vis-à-vis de l'Occident en général a été résumée par le ministre des Affaires étrangères indien : « Il faut que l'Occident cesse de croire que ses problèmes sont les problèmes du monde. »

En somme, l'Inde est bien décidée à jouer sa propre carte, forte de son milliard et demi d'habitants, et tout cela indépendamment des autres puissances.

### *69. Le G7 contre les BRICS*

Le groupe des 7 (G7) rassemble les pays occidentaux européens (Allemagne, France, Royaume-Uni, Italie), nord-américains (États-Unis, Canada) et le Japon. Créé en 1975 à l'initiative du président Valéry Giscard d'Estaing, ces pays avaient su imposer leur loi économique et monétaire au reste de la planète. Leur influence semble s'étioler peu à peu.

Réuni à Hiroshima fin mai 2023, le G7 n'est désormais plus qu'un conseil d'administration vieillissant qui n'a plus les moyens de gouverner le monde. Au même moment, la Chine réunissait tous les pays d'Asie centrale, la Russie organisait un sommet en conviant tous les pays d'Afrique, et Pretoria accueillait les BRICS avec l'idée de trouver une monnaie alternative au dollar. Et tout cela s'organisait sans nous, pour ne pas dire contre nous. Le terme de « BRICS », acronyme créé il y a vingt ans par la banque Goldman Sachs, désignait des pays à forte population avec un grand potentiel économique : Brésil, Russie, Inde, Chine et Afrique du Sud. À l'époque, nous imaginions qu'ils pourraient nous assurer une croissance éternelle en nous permettant d'exporter. En réalité, ils ont pris la main.

Les BRICS représentent 26 % de l'économie mondiale contre 46 % pour le G7. Mais si l'on tient compte de leur monnaie et qu'on la corrige, les deux camps sont, en fait, équivalents. Or, la dynamique de croissance est chez eux. L'avenir paraît leur appartenir.

Évidemment, c'est la Chine qui est à la tête de ce groupe de pays, géant parmi les géants. Elle multiplie les succès diplomatiques dans le monde non occidental. Elle a réussi à réconcilier l'Arabie Saoudite et l'Iran. Elle est en position centrale pour préparer et organiser le « cessez-le-feu » en Ukraine. Elle rivalise avec les États-Unis pour occuper le centre du monde. Le G7 s'est d'ailleurs donné pour mission de contrer l'influence de Pékin et de rendre ses pays-membres moins dépendants à l'égard de sa puissance industrielle.

La guerre d'Ukraine met en évidence l'isolement croissant de l'Occident. L'Inde ignore les sanctions et s'approvisionne en pétrole en Russie. L'Arabie Saoudite aussi, alors qu'elle était naguère le partenaire exclusif de Washington. L'Afrique du Sud, elle, vend des armes à Moscou. La Chine enfin revend des microprocesseurs, du matériel et des technologies durables qui peuvent servir en armement ou dans le civil. La guerre d'Ukraine a fait rétrécir l'Occident et son G7.

### *70. De nouveaux risques géopolitiques…*

Au-delà de la guerre d'Ukraine, nous avons le sentiment que les risques géopolitiques s'accumulent. La Chine devient menaçante, le leader turc Erdogan s'en prend à la Grèce, le Nord-Coréen Kim lance ses missiles.

Si les dictateurs se réveillent, c'est parce qu'ils craignent moins les représailles américaines. Pendant presque quarante ans, depuis la chute du Mur en 1989, la période libérale a été favorable à ce qu'Hubert Védrine appelle « l'hyperpuissance américaine ». L'Union soviétique avait disparu, les États-Unis n'avaient plus de rival sur la scène géopolitique. L'Oncle Sam était à la fois en tête sur le plan technologique et militaire. Mais pour ces dictateurs, les États-Unis ne sont plus en mesure d'imposer leur police mondiale, et ils peuvent ainsi laisser libre cours à leurs revendications territoriales.

Parallèlement, il y a l'émergence de la Chine et la perspective qu'elle puisse devenir un contre-pouvoir doté d'une puissance économique similaire aux États-Unis. Cela explique probablement la résurgence de l'achat d'armes dans le monde depuis une dizaine d'années. La plupart des pays avaient arrêté d'acheter des armes dans les années 1990, à la suite de la chute des tensions géopolitiques après l'effondrement communiste. Et tous ont commencé à en racheter en même temps, il y a une dizaine d'années. D'abord en Asie, en réponse à l'émergence de la Chine et de son agressivité. Maintenant, en Europe. L'inquiétude croît à cause de l'effacement du leadership américain.

### *71. … et l'Europe se réarme*

Les achats d'armes des pays européens ont progressé de 93 % en 2022. C'est la région du monde qui a vu la plus forte augmentation dans ce secteur. Bien sûr, l'Ukraine concentre la plus grosse partie des livraisons, le pays étant devenu le troisième importateur d'armes en 2022.

Mais même en ne prenant pas en compte le conflit ukrainien, les achats ont quand même bondi de 35 %, avec de grosses commandes au Royaume-Uni et en Norvège, ainsi que dans les pays limitrophes de la Russie. La crainte de l'Ours russe, ravivée par l'invasion de l'Ukraine, a provoqué ce sursaut.

Ailleurs dans le monde, c'est l'Asie-Océanie qui est la première région importatrice d'armes. Elle reçoit 41 % des flux mondiaux. Il s'agit en particulier de l'Inde, premier importateur mondial, du Japon (+ 171 %), de la Corée du Sud (+ 61 %) et de l'Australie. Ces quatre pays s'équipent pour contrer la menace chinoise. En Europe, l'agressivité russe inquiète ; en Asie, c'est l'intimidation chinoise et, à un degré moindre, celle de la Corée du Nord qui effraient. Chaque région a son méchant.

Les ventes déclinent en Afrique, particulièrement dans la région subsaharienne avec une diminution de 23 %, qui s'accompagne pourtant d'une progression du fournisseur russe, au détriment de la Chine. Une influence que la France subit aussi sur le plan politique. Pour le reste, la part du Moyen-Orient reste considérable, avec l'Arabie Saoudite, deuxième importateur mondial derrière l'Inde. Les Saoudiens ont avalé 10 % des ventes d'armes sur la planète durant les cinq dernières années. Et il ne faut pas oublier le troisième acheteur planétaire, le Qatar, avec une hausse de 311 % sur la période 2018-2022.

L'Amérique reste de loin le premier fournisseur. Ses positions se sont particulièrement renforcées à cause des livraisons massives à l'Ukraine. Les États-Unis comptent pour 40 % des ventes mondiales. La Russie, elle, a perdu un tiers de sa part de marché pour chuter à 16 %. D'une part parce que les sanctions internationales limitent son business. De l'autre parce qu'elle consomme désormais elle-même ses propres armes, munitions, missiles et chars, sur le front du Donbass…

Et la grande gagnante du retrait russe est l'industrie française. C'est même l'un des très rares secteurs où la France s'améliore à l'export. Notre part de marché mondiale a progressé de plus de moitié, pour se situer désormais à 11 %. Parmi nos gros clients, l'Inde avale près de 30 % de nos exportations. Paris est désormais le second fournisseur de New Delhi. Mais nous en livrons aussi au Qatar, à l'Égypte, aux États-Unis, et même à la Chine. L'autre contribution française à la lutte contre l'expansion russe réside dans les performances de son industrie d'armement.

TROISIÈME PARTIE

# ÇA IRA MIEUX DEMAIN

### 72. *Derrière les crises, l'annonce d'un temps meilleur*

Covid, guerre d'Ukraine, inflation… Les crises se succèdent les unes après les autres. Mais en y regardant de plus près, la plupart de ces phénomènes sont liés. Ils sont les conséquences d'une même cause : la fin d'un grand cycle libéral. Un cycle qui a commencé avec les baby-boomers dans les années 1960 et qui s'est emballé au moment de la chute du Mur de Berlin en 1989.

La crise de transition que nous vivons, qui clôt ce cycle, n'est pas la première de ce type. Nous avons déjà fait face à de telles mutations par le passé. En général, ces cycles idéologiques se déploient pendant un demi-siècle. L'histoire du XIXe et du XXe siècles nous montre que chaque crise transforme en profondeur notre organisation des rapports de travail et de production. Et même notre vision du monde, qui devient moins libérale, davantage encline à restaurer l'autorité malmenée par plusieurs décennies de liberté et de tolérance finalement excessives du point de vue de la survie du groupe. La mutation est souvent douloureuse, conflictuelle et s'accompagne de crises financières. Mais derrière chaque crise, il est toujours possible de trouver des motifs d'espoir. Le modèle se réorganise. En général, cela prépare une longue période de croissance économique.

Quel nouveau cycle se prépare aujourd'hui ? On pourrait souhaiter de nouvelles Trente Glorieuses mais la situation ne s'y prête pas du tout. Cependant, on peut penser que si la mondialisation s'interrompt avec la fragmentation de l'économie mondiale en différents blocs, si on commence à parler de réindustrialisation, si le rapport de force s'inverse entre le salarié et l'employeur, nous pourrions bel et bien connaître une période de croissance régulière.

Quant à la crise climatique, elle fonctionne avec sa propre autonomie, mais donne aussi des opportunités de croissance et de créations d'emplois. La bonne nouvelle ? Nous sommes à la moitié de la phase de la mutation, comme l'indique une simple analyse cyclique de l'économie. Alors faut-il attendre en croisant les bras ? Ou accompagner ces tournants qui remettent au centre de l'économie des rapports de force et des relations géographiques niés durant la grande période de mondialisation ?

### *73. Le retour en grâce du protectionnisme*

Les États-Unis s'engagent, au plan économique, dans le « chacun pour soi » avec la promesse d'un renouveau national. Face au protectionnisme américain, Emmanuel Macron souhaite réagir. Ne reste plus qu'à convaincre les autres pays européens.

Le protectionnisme consiste à prendre des mesures réglementaires ou fiscales destinées à protéger un marché national de la concurrence étrangère pour favoriser les producteurs locaux. Sous la présidence de Trump mais aussi de Biden, les États-Unis ont considérablement renforcé leur arsenal protectionniste, avec notamment l'Inflation Reduction Act, qui protège le marché automobile nord-américain et encourage les producteurs locaux, ou le Chips Act qui soutient celui des puces électroniques.

Le nombre d'interventions des États pour protéger leur marché a explosé. Au début des années 2010, Global Trade Alert recensait quelques centaines d'interventions protectionnistes par an. C'est dix fois plus en 2022, près de 3 000. Ce repli touche l'industrie de l'acier, l'automobile, les céréales, mais aussi l'énergie et le secteur pharmaceutique.

Le retour du protectionnisme est la conséquence du morcellement de la mondialisation, de la guerre d'Ukraine, de cette nouvelle rivalité entre la Chine et les États-Unis, de l'épidémie mondiale… Les temps sont durs. Chacun veut se préserver. Le risque géopolitique réapparaît, alors le monde économique se réorganise en zones commerciales régionales, luttant les unes contre les autres. Une forme de mondialisation, née après la chute du Mur et l'irruption de la Chine, prend fin.

### *74. L'Europe contre son ADN*

L'Europe a du mal à se faire à ces temps nouveaux. Il s'agit d'une affaire de doctrine, d'idéologie. Protéger son marché national, c'est une idée taboue sur le vieux continent. L'Europe s'est construite sur la suppression des frontières nationales, c'est son ADN. Face à des grands blocs qui protègent leur marché, nous sommes réticents à utiliser les mêmes armes, et nous ne faisons pas le poids. De plus, le nord de l'Europe, l'Allemagne, les Pays-Bas ou la Suède, craignent toujours les mesures de rétorsion commerciale qui leur seraient préjudiciables, ces pays étant de grands exportateurs.

Néanmoins, on peut constater quelques progrès, comme l'adoption de la taxe carbone aux frontières européennes. Il s'agit de taxer les produits fabriqués hors d'Europe s'ils sont polluants. Reste à voir comment va fonctionner ce mécanisme complexe. Cette inflexion n'aura cependant que peu d'incidence sur nos importations de Chine, qui respecteront dans un avenir proche les normes environnementales européennes : il faudra les laisser passer. À bien y réfléchir, le problème des produits chinois n'est pas tant qu'ils sont carbonés, mais qu'ils sont chinois… Si l'Europe était cohérente, elle mettrait en place non seulement un mécanisme contre les produits polluants, mais contre ceux qui sont fabriqués hors de ses frontières.

En effet, en 2023, la guerre commerciale s'intensifie. Les États-Unis vont dépenser près de 400 milliards de dollars pour attirer sur leur sol les industriels du monde entier. Nous, en Europe, avons déjà les salaires les plus élevés au monde, les impôts les plus lourds et l'énergie la plus chère. Si, en plus, les États-Unis sortent les subventions… Faute de réaction, notre industrie risque réellement de s'effondrer.

### *75. Bienvenue aux méga-usines et aux méga-subventions*

Les projets de méga-usines se multiplient en Europe, avec des méga-subventions. Le géant américain Intel a annoncé l'implantation d'un complexe de fabrication de semi-conducteurs à Magdebourg, en Allemagne, pour 30 milliards de dollars d'investissement. Dont au moins 10 milliards de subventions publiques – en réalité, selon les informations de Bercy, on est plutôt à 12. Un montant faramineux. C'est probablement la plus grosse aide publique jamais consentie pour installer une usine sur le vieux continent.

Et ce n'est pas le seul exemple. Dans les semi-conducteurs, en France, la future méga-usine de Crolles, près de Grenoble, associe le franco-italien STM et Global Foundries : 7,5 milliards d'investissement total, et près de

3 milliards d'aides publiques. En Allemagne, 8 milliards d'aides publiques sur de gigantesques projets à 21 milliards de Bosch, Wolfspeed et Infineon. Le taux de subvention est chaque fois de l'ordre du tiers. C'est *kolossal* ! Et c'est évidemment la même chose pour les super-usines de batteries pour véhicules électriques. On peut parier que la future usine Tesla en Europe, peut-être en France, bénéficiera aussi d'une très forte subvention.

La raison clé de ces aides réside dans la transformation complète de la carte de l'industrie mondiale. Naguère, ces usines auraient été installées en Chine ou dans l'orbite chinoise, à Taiwan. Personne n'aurait hésité un instant. La tension entre la Chine et l'Occident a fait monter les risques, avec la crainte d'une invasion de Taiwan ; sans oublier l'expérience des pénuries, en 2022. Tout cela favorise la relocalisation. Chaque pays veut désormais s'équiper en composants stratégiques au nom de la souveraineté. Et les industriels font monter les enchères afin de récupérer le maximum d'argent de la part des États pour s'installer. Surtout en Europe, où il faut compenser un prix de l'énergie plus cher qu'en Amérique.

Nous sommes entrés dans une véritable guerre des aides. Et tous les coups sont permis. Dans cette bagarre européenne et mondiale, c'est la géographie industrielle des cinquante ans qui se décide maintenant… Cela justifie de casser sa tirelire.

### *76. Métiers en tension et travailleurs étrangers*

Le gouvernement veut créer des quotas d'immigration pour les travailleurs étrangers exerçant des métiers où les offres ne trouvent pas preneurs.

Les métiers concernés ? Les secteurs du BTP, de l'aide à domicile, de la restauration, les professions médicales ou paramédicales comme les infirmières, l'informatique, les spécialités comme les carrossiers ou les chaudronniers. Dans ces branches, difficile de trouver du personnel sur le marché du travail. En réalité, il ne s'agit pas tant de faire venir de nouveaux immigrés que de régulariser ceux qui travaillent déjà en France et se trouvent dans une situation administrative litigieuse, dans la restauration par exemple.

Bon nombre de ces métiers sont mal considérés, difficiles physiquement, et faiblement rémunérés, comme les récoltes dans le secteur de l'agriculture ou l'aide à domicile. Pour un Français ou un étranger en situation régulière, le jeu n'en vaut pas toujours la chandelle. En travaillant, ils gagnent un peu plus qu'avec les aides sociales. Mais ils doivent parfois acheter une voiture ou faire garder les enfants. Au total, le surplus de rémunération est faible mais la contrainte beaucoup plus forte.

Les Français ne sont pas paresseux. Ils réagissent aux incitations de façon très rationnelle et agissent en fonction de leurs intérêts. Les métiers durs, peu considérés et mal payés, n'attirent que ceux qui sont dans une situation difficile, notamment les immigrés qui espèrent s'installer en France.

Mais quand les incitations changent, les comportements sont bouleversés. En durcissant les conditions d'accès à l'indemnisation chômage, on ramène certains chômeurs vers l'emploi. En améliorant les conditions de travail et de salaire, on attire les candidats.

Comme ça a été le cas pour les éboueurs. Il y a cinquante ans, ce métier était dénigré, souvent occupé par les immigrés. Aujourd'hui, les salaires sont plus élevés, le travail ne s'effectue plus exclusivement la nuit. La pénibilité a été prise en compte pour la retraite. Le recrutement est beaucoup plus diversifié. Plus nous améliorerons, plus nous recruterons.

### *77. La semaine de quatre jours vue de l'intérieur*

La productivité des entreprises passées à quatre jours de travail par semaine est plus grande. Ce constat a été fait à la suite d'une étude internationale, réalisée auprès d'entreprises basées en Irlande, en Australie et aux États-Unis. Ces entreprises ont réduit leur temps de travail d'au moins six heures par semaine, en supprimant un jour de présence ou en conservant la semaine de cinq jours avec des plages horaires moins longues, avec le même salaire pour le salarié.

La productivité des entreprises sur la durée de l'expérimentation (dix mois) a augmenté de 8 %. Dans le même temps, l'absentéisme a été réduit d'un tiers et le nombre de démissions est légèrement en baisse. Différents secteurs d'activité ont été étudiés. L'étude comprenait à la fois une chaîne de restaurants, un fabricant de camping-cars et une ONG œuvrant pour le climat. Ces résultats vont être complétés par d'autres volets de l'étude.

Cette nouvelle organisation semble plaire. 97 % des salariés souhaitent continuer à ce rythme. Ils affirment être moins fatigués, subir moins de stress et avoir moins de problèmes liés au sommeil. Le temps libre dégagé est principalement consacré au sport. En moyenne, les salariés font 24 minutes de sport en plus par jour. À l'occasion du passage aux 35 heures, il y a vingt ans, le même phénomène avait été observé. Les participants à l'étude avaient tous effectué une formation sur deux mois pour apprendre à éliminer les tâches accessoires. Avec pour objectif d'augmenter la productivité individuelle tout en évitant la surcharge.

La semaine de quatre jours est pratiquée aujourd'hui un peu partout dans le monde. En plus des pays mentionnés dans l'étude, une expérimentation importante (3 000 salariés dans 60 entreprises) a été lancée en juin 2022 au Royaume-Uni. Des tests à grande échelle ont aussi eu lieu en Espagne, en Islande et au Japon.

Du côté de la France, cette nouvelle organisation se rencontre plutôt dans les start-ups où la population est jeune. Mais TotalEnergies y réfléchit. L'entreprise de conseil Accenture est également passée à la semaine de quatre jours avec des résultats similaires. La productivité est maintenue, les salariés sont satisfaits et l'entreprise connaît moins de difficultés à recruter, ce qui est un élément clé en période de pénurie de main-d'œuvre sur le marché du travail.

### *78. Demain, des recrutements sans entretien d'embauche*

Le nouveau monde qui se dessine, celui de l'après-Covid et post-guerre d'Ukraine, est marqué par l'inversion de plusieurs rapports de force, en particulier celui qui oppose l'employeur à l'employé.

Notre démographie en baisse, la population active diminue dans la plupart des pays. En Europe, aux États-Unis mais aussi en Chine. Or ce qui est rare est cher. Si la ressource humaine potentielle est moins importante, le rapport de force passera du côté du salarié.

Il y a quarante ans, depuis les débuts de la mondialisation dans les années 1980, c'était le contraire. On était dans une phase où la population active mondiale s'était élargie considérablement sous l'effet de deux phénomènes : l'intégration de la Chine dans l'économie mondiale et la chute du Mur en 1989 avec l'ouverture des pays ex-communistes. Or, aujourd'hui c'est la rétraction qui se profile. Un fait qui va s'accentuer dans les prochaines années.

Sur un marché du travail très tendu, la pénurie de candidats bouleverse les habitudes de recrutement des entreprises. Être recruté sans entretien d'embauche, après avoir rempli un formulaire en moins de vingt minutes, est une situation de plus en plus fréquente aux États-Unis, où le chômage est au plus bas : 3,7 % de la population active. C'est presque deux fois moins que chez nous.

Bon nombre d'entreprises pensent désormais que l'entretien d'embauche ne sert à rien. Le transporteur UPS recrute directement ses employés logistiques et les saisonniers sur ce modèle : le candidat est mis en situation et il se débrouille. Le groupe de distribution Home Depot se conforme aux mêmes pratiques, recrutant désormais en vingt-quatre heures, parfois sans entretien. Tout comme Gap, qui ne rencontre plus les candidats pour ses emplois en entrepôt, nous dit le *Wall Street Journal*.

### *79. La sélection au diplôme recule*

Le rapport de force est devenu tellement favorable aux salariés que l'employeur doit choisir rapidement s'il veut avoir une chance de trouver les ressources dont il a besoin. Certaines entreprises vont encore plus loin, elles abandonnent la sélection sur diplôme.

Elles embauchent sans qualification. C'est le cas d'IBM, de la compagnie aérienne Delta Airlines ou de Google. Certains États américains comme le Maryland ont aussi supprimé cette condition pour le recrutement de leurs fonctionnaires. À la base de cette révolution, il y a le constat posé par les directions d'entreprises que le diplôme n'est pas très utile pour travailler sur de nombreux postes. Le savoir universitaire est bien moins important que le désir d'apprendre, de s'intégrer à une communauté ou la capacité d'empathie.

Le recruteur prend-il un risque supplémentaire s'il embauche sans formation ? À écouter Kenneth Frazier, ex-patron du laboratoire pharmaceutique Merck, ce serait tout le contraire. Avec cette tactique, l'entreprise diversifie ses recrutements en termes de classes sociales et de couleur de peau, ce qui lui est d'autant plus profitable. Et elle peut aussi offrir à ces employés-là des évolutions professionnelles qui lui vaudront la reconnaissance et la loyauté des personnes concernées.

Cette recherche de diversité, sur fond de pénurie, conduit aussi les entreprises à embaucher davantage de seniors. C'est le cas au Royaume-Uni, par exemple. La chaîne de réparation automobile Halfords, annonçait en novembre 2022 recruter 1 000 salariés de plus de 50 ans, dont des jeunes retraités. AXA aussi a embauché des cadres à la retraite faisant d'eux des consultants qu'on installe sur « le banc de touche » et qu'on peut mobiliser en cas d'urgence. Le *Financial Times* citait même le cas d'un salarié de 93 ans, spécialiste de la vente par correspondance, jugé indispensable par son employeur, David Nieper, dirigeant d'une entreprise de mode féminine.

Ces révolutions devraient arriver chez nous. L'évolution démographique est identique dans chaque pays, les populations actives diminuent. La France est un peu en retard dans cette évolution, car elle avait conservé une natalité relativement dynamique. Mais le rapport de force entre l'employé et l'employeur s'y inverse également.

### *80. La lente réduction du temps de travail*

L'histoire du capitalisme coïncide avec celle de la diminution progressive du temps consacré au labeur par les hommes. Sous l'effet d'un mouvement très puissant et pourtant invisible, l'augmentation de la productivité a permis de diminuer le temps de travail. En une heure travaillée aujourd'hui, on produit 20 à 30 fois plus qu'au milieu du XIXe siècle, grâce à l'énergie et aux transports, à l'organisation, à la communication et à l'éducation. Le progrès scientifique a permis à la fois la baisse du temps de travail et l'augmentation des salaires.

En 1830, lorsque naît le capitalisme moderne, on travaille 15 à 17 heures par jour, six jours sur sept. En 1848, un décret fixe en France la journée de travail à 12 heures. Puis le mouvement ouvrier se saisit d'une revendication qui va bientôt s'internationaliser : les 8 heures par jour, adoptées au sortir de la Première Guerre mondiale, en 1919.

L'autre grande étape du XXe siècle, ce sont les lois sociales de 1936, avec la semaine de 40 heures et les 15 jours de congés payés, sous le gouvernement Blum. En 1981, 39 heures, avec les lois Auroux de François Mitterrand. Et entre 2000 et 2002, le passage aux 35 heures, sous le gouvernement Jospin.

Ce mouvement n'a pas de fin. Le grand économiste Keynes, dans un texte de 1930, pronostiquait 3 heures de travail par jour pour 2030. Assez, disait-il, pour « contenter le vieil Adam en nous ». L'Adam chassé du jardin d'Éden pour une vie de labeur à cause du péché originel. Mais la question de l'avenir de la productivité divise aujourd'hui les économistes. Elle semble ralentir, pour des raisons inconnues, sans oublier la contrainte climatique qui nous interdit d'utiliser sans limites les énergies carbonées. La transition énergétique va donc freiner au moins temporairement la productivité. Mais sans doute l'inventivité humaine et la science permettront, un jour, d'alléger, peut-être même de dépasser cette contrainte, grâce à de nouvelles sources d'énergie qui n'auront pas d'effets délétères comme les anciennes.

### *81. ChatGPT, la nouvelle révolution numérique*

Capable de fournir des réponses complexes et cohérentes à des questions variées dans de multiples langages, le robot conversationnel ChatGPT est en voie de révolutionner le marché de la recherche sur Internet. Aujourd'hui, ce marché est dominé de façon écrasante par Google, qui en détient plus de 90 % en dehors de la Chine.

Google, c'est 100 milliards de requêtes par mois, autrement dit plus de 10 par être humain.

L'entreprise a réalisé plus de 250 milliards d'euros de chiffre d'affaires en 2022, avec un bénéfice de 56 milliards – presque trois fois celui de TotalEnergies qui met la France en émoi. Or, l'essentiel de ces revenus provient de la pub, profits qui risquent de se tarir à cause de l'intelligence artificielle.

Aujourd'hui, quand vous effectuez une recherche sur Internet, en entrant dans la barre un ou plusieurs mots, l'application vous propose d'innombrables suggestions, des documents, des textes, des photos ou des vidéos, dont la pertinence est en principe décroissante. Là-dedans se glissent les fameuses annonces publicitaires.

Avec l'intelligence artificielle, le robot vous donne immédiatement la bonne réponse, soit à l'écrit, soit à l'oral. Vous pouvez lui demander le modèle d'un sac d'aspirateur, les destinations de voyage pour un week-end à moins de trois heures de transport ou la meilleure marque de sorbets au citron. Finies les suggestions dans lesquelles il faut naviguer, il ira droit au but. Mais s'il n'y a plus de suggestions, il n'y a plus de publicité, donc de poule aux œufs d'or… Le patron de Google a récemment qualifié ce risque de « code rouge ». Alerte générale, une nouvelle concurrence est sur le marché !

Bien sûr, le robot peut se tromper ou biaiser ses réponses. Un journaliste du *New York Times,* qui a dialogué pendant deux heures avec un prototype, a entendu le robot lui déclarer sa flamme de façon insistante et essayer de le convaincre que, même s'il était marié, il n'était pas heureux dans son couple.

Ce n'est manifestement pas encore au point, et Microsoft, pionnier dans cette technologie, en a provisoirement limité l'usage. Mais ces défauts vont être corrigés, probablement plus vite qu'on ne l'imagine. Et bientôt, nous aurons tous notre Chatbot favori, qui nous inspirera confiance par sa fiabilité ou ses orientations politiques, par sa vision du monde, exactement comme on fait aujourd'hui confiance à une marque d'information, un journal ou une radio.

### *82. L'intelligence artificielle ne va pas tuer l'emploi*

Peut-être vous souvenez-vous d'une excellente série télévisée française, *Tripalium*. On y présentait un monde futuriste où seuls travaillaient des privilégiés, à l'abri d'un mur très élevé et bien gardé, tandis que la masse était reléguée à l'extérieur du mur, dans une inactivité forcée et déprimante. C'est ce que nous pronostiquent certains experts avec l'arrivée de cette intelligence informatique surpuissante, qui pourra tout à la fois écrire une plaidoirie, faire un diagnostic médical, établir la comptabilité d'une entreprise, enseigner la musique ou… écrire une chronique économique ! Il y a cent cinquante ans, le privilège des aristocrates était de ne pas travailler, alors que la plèbe s'échinait au labeur. Dans dix ans, tout s'inverserait : seuls les nouveaux aristocrates travailleraient.

De tout temps, l'innovation a suscité cette peur d'un futur inquiétant. Quand on a inventé les métiers à tisser. Quand l'automobile a remplacé les calèches. Quand les premiers robots industriels ont investi les usines. Chaque fois, on a sous-estimé l'incroyable plasticité des organisations humaines.

Et cela pour une raison simple. Par définition, le niveau de technologie n'a jamais été aussi élevé qu'aujourd'hui. Or, il n'y a jamais eu autant d'emplois qu'aujourd'hui, le chômage est au plus bas presque partout. Notez que les pays qui ont le plus de robots industriels sont aussi ceux qui ont le plus d'emplois, l'Irlande, le Japon, la Corée.

C'est bien la preuve que les deux ne sont pas incompatibles. Quand on a inventé les métiers à tisser, on a certes supprimé de nombreux emplois de tisserands, c'est ce que Keynes a appelé le chômage technologique. Mais l'extraordinaire productivité de ces machines a permis de faire baisser le prix des vêtements, de développer leurs ventes, et on a donc créé bien plus d'emplois dans le commerce qu'on en a supprimé dans le tissage !

Ce n'étaient pas les mêmes emplois, et ils ne nécessitaient pas les mêmes qualifications. En fait, dans une société, ce qui se voit, c'est que l'innovation détruit des emplois dans un secteur donné ; mais ce qui ne se voit pas, c'est qu'elle en crée ailleurs, grâce à la productivité, qui diffuse le revenu dans d'autres secteurs de l'économie. Il faut donc aider les victimes du chômage technologique et les former aux nouveaux métiers.

Soyons réalistes. L'intelligence artificielle ne fera pas tout. Les métiers dits « présentiels », les cols-bleus pour simplifier, les métiers du soin, de la restauration, de la construction, du nettoyage, de la réparation, seront protégés. Pour la première fois avec l'IA, une innovation s'en prend aux cols-blancs. C'est peut-être pour cela que les experts sont inquiets, ils craignent d'être eux-mêmes éjectés par des machines… Pour autant, un diagnostic médical automatisé ne remplacera jamais la relation humaine médecin/patient. Nous allons sans doute nous concentrer sur une partie des tâches que nous effectuons, la plus humaine. Nous aurons ainsi plus de temps libre. Et tant mieux. Car le temps libre générera immanquablement de nouvelles activités, avec de nouveaux métiers.

### *83. L'IA chinoise avance à pas de géant*

Mon patron est un robot ! Un système d'intelligence artificielle, Tang Yu, va diriger Netdragon, une entreprise de jeux vidéo employant 4 700 personnes dans la province de Fujian, dans le sud-est de la Chine. Le fondateur de la société a propulsé un ordinateur à la direction d'une de ses filiales.

Cette histoire ressemble à une blague. Et pourtant. Netdragon est une entreprise cotée valant près de 1 milliard d'euros. Il s'agit, selon son dirigeant fait, lui, de chair et d'os, de rationaliser la prise de décision et d'intégrer le maximum de données pour piloter l'entreprise. L'ordinateur n'aura pas de salaire ni de stock-options alors qu'il travaillera 24 heures sur 24 7 jours sur 7. Tang Yu sera en relation constante avec les communautés de joueurs dans le

Métavers, univers virtuel qui constitue le terrain des fabricants du secteur du jeu vidéo.

Une société financière d'Hong Kong a fait entrer un système d'intelligence artificielle dans son conseil d'administration. Plus prosaïquement, dans les entrepôts des grandes sociétés logistiques, les employés obéissent déjà à des systèmes experts pour préparer les commandes et ranger les colis. Leur contremaître est un robot. En Chine, Baidu, l'un des GAFA du pays, a inauguré un service de taxis sans chauffeur dans les villes de Wuhan et de Chongqing.

Pour l'utilisation des robots et de l'intelligence artificielle, la Chine est à la pointe. En 2021, les Chinois ont installé près de 250 000 robots dans les usines, soit la moitié des équipements mis en service sur la planète cette même année, en hausse de 44 % par rapport à 2020.

Quant aux systèmes d'intelligence artificielle, la Chine a pris une avance spectaculaire. Au point qu'un rapport américain publié au début du mois de novembre 2022, piloté par Eric Emerson Schmidt, ancien patron de Google, considère qu'il s'agit d'un des domaines sur lesquels la suprématie des États-Unis sera menacée à l'horizon de la décennie de 2030. Il y voit le risque d'une domination de la planète par la Chine, à la fois dans le contrôle des données et dans la puissance informatique pour les exploiter.

Les Américains font tout pour tenter de contrer la Chine. Il s'agit tout d'abord de réduire leur dépendance. Selon le rapport Schmidt, la quasi-totalité des composants électroniques utilisés par le Pentagone vient des sociétés chinoises. Les États-Unis investissent donc massivement dans la production et bloquent l'exportation des produits technologiquement sensibles en Chine. La bataille de l'intelligence artificielle a commencé.

### *84. Comment les nouveaux outils technologiques fragilisent les banques*

Les smartphones et plus largement l'Internet sont des accélérateurs de la crise bancaire. Ils nous donnent accès à toute heure à notre compte bancaire, avec la liberté de transférer le montant de nos économies d'une banque à l'autre, d'un endroit du globe à l'autre. Instantanément. Sans aucune difficulté. Et la plupart du temps sans aucun coût.

De tout temps, les crises financières ont été causées par des mouvements de mouton de Panurge de la part des déposants ou des investisseurs. Mais les nouvelles technologies donnent une puissance formidable à Panurge. Pour cause, les informations – ou les rumeurs – se diffusent à très grande vitesse sur les réseaux sociaux ou les forums de discussion, et aussitôt, les particuliers et les entreprises déplacent leur épargne par crainte de la faillite de leur banque. Dans le temps, il fallait faire la queue au guichet pendant des heures, voire des jours, pour retirer ses économies d'une banque en difficulté.

Ces applications ont fortement aggravé la crise bancaire récente, aux États-Unis et en Europe. Tous les professionnels le disent : on n'a jamais vu de mouvements de capitaux aussi rapides et violents que ceux qui ont frappé les banques régionales américaines et le Crédit suisse sur le vieux continent.

First Republic, l'un des établissements concernés, a communiqué sur la mesure de l'hémorragie qu'il a subie : 100 milliards de dollars de dépôts ont fui, laissant la banque complètement à sac. Pour la Silicon Valley Bank et le Crédit suisse, ce sont des dizaines de milliards. Il s'agit des *bank run* les plus importants de l'histoire – un *bank run*, c'est une panique des déposants. C'est l'équivalent, pour la finance, d'un événement climatique extrême. Et comme pour le climat, ces événements extrêmes ont toutes chances de se produire plus souvent, à cause de l'essor des communications.

Il faut que les autorités économiques réagissent, elles aussi, très vite. En faisant garantir le montant intégral des dépôts par l'État, pour stopper la panique, comme l'a fait le gouvernement américain pour les petites banques vulnérables. Et en mobilisant les autres établissements financiers pour qu'ils reprennent les affaires de la banque en faillite.

En une journée, First Republic a perdu 30 % en Bourse. En six semaines, son cours a chuté de 95 %. Les inquiétudes ne sont donc pas levées. D'autant que bon nombre de ces petites banques ont financé l'immobilier commercial américain, en pleine crise à cause de la chute des prix et de la montée des taux d'intérêt.

C'est la cause profonde de ces craquements dans la finance mondiale : jusqu'en 2022, le crédit était peu cher, parce qu'il fallait soutenir l'économie après le Covid. La pandémie étant terminée, le crédit revient sur ses pas. C'est toute l'économie mondiale qui doit s'adapter à ce nouvel environnement, plus dur à cause du prix de l'argent qui a monté. Et les plus faibles boivent la tasse.

### *85. Reconquérir la Lune…*

Le départ de la fusée américaine *Artemis* pour l'orbite lunaire est un nouveau signe de l'essor de l'économie de l'espace. Un incroyable renouveau de la conquête spatiale est à l'œuvre aux États-Unis, en Europe, en Chine et en Russie. Ce sont encore une fois les Américains qui sont à la pointe. Ils envisagent d'envoyer une mission habitée sur la Lune en 2025, à l'aide d'une fusée *Artemis* comparable à celle lancée récemment. À partir de cette date, il pourrait même y avoir une colonie humaine permanente sur l'astre nocturne, ce qui suppose des allers-retours réguliers.

Et ce qui est frappant, par rapport à la dernière épopée spatiale, *Apollo*, dans les années 1960, c'est la part importante qu'occupent les sociétés privées dans cette conquête. Les États restent les maîtres d'œuvre et les commanditaires pour les expéditions aussi lointaines que la Lune. Néanmoins, l'espace est sans doute à la veille d'une gigantesque privatisation. Quel retournement !

Cette fascination renaissante pour l'espace vient notamment de l'abaissement considérable du coût des lanceurs, pour la basse orbite tout du moins. Avec l'apparition de milliardaires richissimes passionnés par l'espace, comme Elon

Musk, le patron de Tesla, ou Jeff Bezos, le fondateur d'Amazon, ou encore le Britannique Richard Branson, le patron du groupe Virgin, et d'innombrables start-ups, qui rejoignent les mastodontes industriels comme Boeing ou Arianespace. Faire de l'argent, c'est l'objectif qui aiguillonne tout ce petit monde. L'économie de l'espace pèse déjà 400 milliards d'euros par an.

En lançant des satellites, ces fameuses constellations de plusieurs milliers d'objets, ou en vendant un service Internet planétaire ultrapuissant, de nouveaux marchés émergent.

### *86. … pour développer la propriété privée extraterrestre*

On entrevoit maintenant la possibilité d'exploiter le sol lunaire, comme on le fait sur notre planète. Il y a sur la Lune des minerais rares et une source d'énergie qui fait saliver les scientifiques : l'hélium 3. Il pourrait y avoir bientôt des concessions exploitées par des sociétés privées pour extraire les matériaux et les ramener sur notre globe.

Un traité international de 1967 fait de l'espace, en particulier de la Lune, une province de l'humanité, ce qui reste assez vague, et proscrit la propriété privée. Mais tout peut changer. À l'initiative de Donald Trump, les États-Unis ont mis en œuvre des décrets autorisant les sociétés privées à profiter des ressources qu'elles pourraient exploiter. Ils voudraient imposer un nouveau texte international, le traité Artemis, qui autoriserait les États à protéger les terrains conquis par l'exploration. Les entreprises pourraient également bénéficier des ressources qu'elles exploiteraient afin de garantir leurs investissements.

Ce serait la révolution de la propriété privée extraterrestre. Les Américains comparent désormais la conquête de la Lune à celle du Far West, lorsque les pionniers se sont emparés des terres qui bordent le Pacifique, au début du XIX^e^ siècle. La conquête de l'espace fait son grand retour.

### *87. Elon Musk, savant fou du XXI^e^ siècle*

Qui est Elon Musk ? Personnalité médiatique ultra-présente et atypique, richissime patron et fondateur de Tesla et de SpaceX, propriétaire controversé du réseau social X, ex-Twitter, Elon Musk fait figure de Henry Ford des temps modernes. Le vendredi 16 juin 2023, il était présent au salon VivaTech de Paris pour une conférence avant de rencontrer Emmanuel Macron, qui souhaite convaincre l'entrepreneur d'installer l'une de ses *gigafactories*, des usines géantes, sur le territoire français.

Mais pourquoi Elon Musk fascine-t-il autant le monde économique ? En l'espace de dix ans, il a accompli la prouesse de démontrer que l'on pouvait se hisser parmi les leaders de l'industrie automobile, même en venant d'un autre secteur de production.

Au début des années 2000, il a investi dans ce micro-constructeur de voitures de niche, auquel personne ne croyait à l'époque : Tesla, du nom d'un ingénieur américain et serbe à l'origine de diverses découvertes électriques. En 2010, le moteur s'emballe, tout comme l'engouement autour des modèles proposés par la marque, grâce au design technologique des voitures, qui ne sont pas encore produites massivement.

Trois phénomènes simultanés – le lancement de nouveaux modèles, l'ouverture de *gigafactories* et l'engouement complètement irrationnel pour le moteur électrique – et Tesla est devenue la coqueluche des marchés financiers, qui considéraient que l'action du constructeur était l'une des rares portes d'entrée pour le futur automobile décarboné. C'était la valeur du nouveau monde, puisqu'elle était la seule marque à ne fabriquer que des modèles électriques, et qu'elle produisait aussi d'excellentes batteries. Au contraire des autres constructeurs, ralentis par d'innombrables usines fabriquant les voitures d'hier, avec des moteurs à essence.

Conséquence, le cours de l'action s'est envolé et Tesla est devenue l'une des entreprises qui vaut le plus cher au monde : plus de 1 000 milliards de dollars à la fin 2021. Soit plus que tous les autres constructeurs réunis, avec seulement 2 millions de véhicules produits. À terme, Elon Musk a pour ambition de faire de son bébé le premier constructeur mondial à l'horizon 2030 en multipliant par dix sa production annuelle. On pouvait rire de ses fanfaronnades il y a cinq ans, aujourd'hui on l'écoute.

### *88. Le e-fuel, outil de la neutralité carbone*

Le bon vieux moteur à essence fait de la résistance. En effet, des carburants propres commencent à voir le jour. C'est Porsche qui mène la fronde contre le tout-électrique. Alors que 80 % de ses voitures seront équipées de batteries, le constructeur souhaite conserver un moteur à combustion sur certains modèles, en particulier sur la mythique 911, un bolide à 120 000 euros fabriqué depuis 1964. Pour une raison simple : le bruit. Avec une propulsion électrique, le moteur produit une sorte de sifflement qui pourrait être assimilé à celui d'un aspirateur, rien à voir avec le ronflement du 6 cylindres traditionnel fabriqué à Stuttgart, l'une des motivations de l'acheteur de Porsche.

Encore faut-il convaincre la Commission européenne, qui édicte les normes en matière de voiture. Selon Bloomberg, la présidente de l'Union européenne a reçu le ministre de l'Économie allemand, Christian Lindner, lui-même fan de la 911, pour évoquer une alternative au moteur électrique : le carburant de synthèse, qu'on appelle aussi le e-fuel. Les trois quarts des Allemands veulent que leur prochaine voiture soit encore à l'essence.

Cet e-fuel est synthétisé à partir d'hydrogène, c'est-à-dire d'eau et d'électricité. Le processus de production consiste à prélever le carbone existant et à le transformer en carburant, au moyen d'électricité renouvelable. Lorsque le moteur tourne, la combustion émet bien sûr du carbone, mais puisqu'on en a supprimé pour fabriquer le carburant, le processus est neutre.

Porsche vient d'inaugurer une usine capable de fabriquer cette essence au Chili, à Punta Arenas, dans le sud de la Patagonie. Elle est localisée à cet endroit car il s'agit d'une des terres les plus venteuses de la planète. On y a installé des éoliennes pour produire l'électricité verte nécessaire à la fabrication du carburant. Pour l'instant, l'objectif de production est modeste : 130 000 litres par an. Mais en 2027, l'usine devrait avoir la capacité de produire plusieurs centaines de millions de litres. Cependant, les coûts de production restent chers, à 2 dollars le litre, soit 1,70 euro, sans compter le transport et la distribution.

Mais d'autres initiatives fleurissent. Les compétitions de Formule 1 utiliseront de l'e-fuel à partir de la saison 2026. Aramco, la compagnie pétrolière saoudienne, qui possède une expertise sur les carburants synthétiques, va s'associer au français Renault et au chinois Geely. L'aéronautique travaille aussi sur ces nouveaux carburants, puisque le moteur électrique est exclu pour le transport aérien à cause du poids et du volume de la batterie. Une telle innovation serait d'autant plus utile que des centaines de millions de véhicules thermiques dans le monde seront toujours sur le marché dans les décennies à venir.

### *89. Des voitures électriques pas si propres*

Le Mondial de l'auto a ouvert ses portes le lundi 17 octobre 2022 à Paris. Et les voitures électriques ont bien sûr été l'un des sujets centraux de cette édition.

Les ventes de voitures électriques ont progressé de 28 % en France sur le premier semestre 2022. Cette accélération est aussi constatée dans la plupart des pays européens. Elle s'explique, c'est paradoxal, par une décision purement émotionnelle. Tout s'est emballé après le scandale du diesel, en 2015.

À cette époque, on a brutalement découvert que les principaux constructeurs, Volkswagen en tête, bidouillaient leurs résultats aux tests de pollution, de façon à présenter leurs véhicules de façon avantageuse. La pollution réelle était bien plus importante que ne le disaient les fabricants. Dans la foulée, plusieurs grandes villes, Paris notamment, ont aussitôt pris la décision d'interdire le diesel. Et dans le même temps, la Commission européenne a considérablement durci les normes de pollution, en les assortissant d'amendes considérables pour les constructeurs qui ne les respecteraient pas. Pour les industriels, l'électrification devenait la seule option.

Si ce choix, sur le fond, paraît argumenté, cette décision n'est pas totalement rationnelle sur le plan scientifique. Les diesels de nouvelle génération offraient des solutions techniques qui, pour les gros véhicules, valaient largement l'électrique du point de vue de l'émission de carbone. En plus, l'Europe maîtrisait bien cette technologie. Mais l'opinion publique ne pouvait pas entendre cela, à cause du « dieselgate ».

Nous nous sommes donc précipités sur l'électrique, alors que cette technologie n'est pas si propre. Pour qu'un véhicule électrique n'émette pas de carbone, il doit d'abord utiliser de l'électricité décarbonée. C'est largement le cas en France, grâce au nucléaire, mais pas en Allemagne, ni en Pologne, et surtout pas en Chine, où on utilise massivement le charbon.

Ensuite, la fabrication d'une batterie consomme beaucoup de carbone. Un véhicule électrique, lorsqu'il sort de l'usine, a donc pollué bien davantage qu'un thermique neuf, à cause de sa fabrication. Au point que les gros SUV électriques ne seront jamais rentables, si l'on prend en compte l'ensemble de leur cycle de vie. Aujourd'hui, la grosse voiture électrique est une aberration écologique.

L'Agence de l'environnement et de la maîtrise de l'énergie, l'ADEME, a publié ses recommandations. Une batterie ne doit pas dépasser 60 kilowatts/heure, ce qui correspond en réalité à celle d'une Mégane ou d'une 308. Et même pour ces véhicules, il faut rouler plusieurs dizaines de milliers de kilomètres sans émission pour amortir la surproduction de carbone pendant la fabrication. La donne peut évoluer demain, avec l'amélioration de la technologie et la fabrication des batteries en Europe, dans de meilleures conditions environnementales qu'en Chine.

### *90. Les effets boomerang de la lutte contre le réchauffement climatique*

Étonnante histoire que celle de l'interdiction des chaudières à gaz outre-Rhin. Leur interdiction a été décidée pour le 1er janvier 2024. Pourquoi ? Afin de réduire la production de $CO_2$, en remplaçant ces matériels de l'ancien monde par des pompes à chaleur moins polluantes. Le gouvernement français a un projet similaire pour préserver l'avenir, mais son calendrier est moins drastique.

Le problème est que le matériel de substitution, la pompe à chaleur, qui fonctionne à l'électricité, coûte très cher, entre 20 000 et 30 000 euros. Paradoxe : dès l'annonce, les ménages germaniques se sont précipités dans les magasins pour acheter des chaudières à gaz, afin de bénéficier des dernières possibilités d'achat... quitte à les stocker dans leur cave pour les installer lorsque leur chauffage actuel sera tombé en panne. Le parti des Verts, avocat de l'interdiction du gaz, s'est effondré dans les sondages. La coalition gouvernementale, déjà fragile, a connu une nouvelle crise à cause de cette affaire. Et l'AFD, le parti d'extrême droite, a tiré les marrons du feu en surfant sur ce mécontentement et en obtenant sa première grande victoire lors d'élections locales. Sa campagne était centrée sur l'immigration – comme à l'ordinaire – et sur des arguments climato-sceptiques. La lutte contre le réchauffement climatique est devenue un enjeu électoral.

### *91. ... et la naissance du contre-écologisme politique*

En réalité, le temps des opposants à l'action climatique est venu. En Allemagne, mais aussi en Hollande. Là, un nouveau parti batave, celui des agriculteurs, le BBB, a fait un carton aux législatives en contestant la lutte contre la réduction d'azote, un gaz à effet de serre, utilisé par l'agriculture néerlandaise, une des plus productives au monde. En France, l'inspiration du mouvement des Gilets jaunes était la même.

Les mesures climatiques sont rejetées si elles sont contraignantes, si elles augmentent le coût de la vie. Pas étonnant que cela arrive en Europe où la transition énergétique et la lutte contre le réchauffement climatique sont maintenant au cœur de l'action publique.

Mais tout autour de la planète, le malaise est aussi perceptible. Il en allait ainsi au Brésil derrière Bolsonaro et aux États-Unis avec Trump lui-même. La construction de l'avenir dépendra donc de la capacité à convaincre les populations de la nécessité de lutter contre le réchauffement climatique. Faute de quoi un populisme d'un nouveau genre risque de nous conduire dans une terrible impasse.

### *92. Les énergies fossiles font de la résistance*

Pour faire face à la crise énergétique, le gouvernement a décidé de verser un « chèque fioul » en novembre 2022. Cette nouvelle aide, réservée aux ménages avec des revenus faibles possédant une chaudière au fioul, devait compenser la hausse des prix. Ce coup de pouce venait s'ajouter aux deux autres chèques existant déjà, le bouclier tarifaire sur l'électricité et le gaz ainsi que la ristourne sur le carburant. Au total, plusieurs dizaines de milliards d'euros d'argent public servent à soutenir la consommation d'énergies fossiles, qui émettent du carbone, au moment où les scientifiques s'alarment de l'accélération du réchauffement climatique.

Or, l'installation de chaudières au fioul neuves est interdite depuis le 1er janvier 2022. On subventionne l'utilisation d'un appareil interdit. Cherchez l'erreur. On appuie sur le frein et l'accélérateur en même temps. Et, plus grave, l'argent qu'on utilise pour subventionner les carburants, le fioul et le gaz, ne servira pas à financer la transition énergétique.

À court terme au moins, la hausse des prix de l'énergie fossile pourrait ralentir la transition écologique. Il faut en effet subventionner les ménages modestes, nul doute là-dessus, sauf à provoquer une envolée de la pauvreté. Quant aux entreprises, elles risquent tout bonnement de délocaliser leurs usines. L'industriel Safran vient ainsi d'annoncer qu'il mettait en suspens un projet d'usine à Feyzin (Rhône) à cause de l'augmentation des prix de l'énergie. BASF, en Allemagne, prépare une réduction de sa base industrielle en Europe au profit de la Chine pour la même raison.

### *93. Taxe carbone : les écologistes en avaient rêvé, Poutine l'a fait*

Toutes les énergies de substitution vont devenir rentables, ce qui n'est pas le cas lorsque le gaz et le pétrole sont bon marché. La vieille idée de taxer le carbone se met en place sans même qu'on l'ait décidé. Les écologistes en avaient rêvé. Poutine l'a fait en faisant monter les prix avec sa guerre. Depuis l'envolée des tarifs, les investissements dans l'hydrogène et les énergies renouvelables sont relancés.

Dans cet intervalle entre le court et le long terme, il faudrait plutôt financer le remplacement d'une chaudière au fioul que l'achat de carburant. Un bouclier à l'allemande, qui ne protège que sur 80 % de la consommation, aurait pu inciter à la sobriété, contrairement à ce qui a été pratiqué en France où toutes les factures ont été subventionnées.

Les sites industriels existants doivent aussi être aidés sur le plan de la transition. Emmanuel Macron a reçu, le 8 novembre 2022, 50 industriels opérant en France. L'objectif : mettre au point un plan d'aide de plusieurs milliards. Ces industriels sont les plus gros consommateurs d'énergie. Parmi eux, l'aciériste Arcelor Mittal, qui contribue à 2 % des émissions de carbone françaises. Si ces 50 industriels étaient décarbonés, nos émissions diminueraient de 10 %. En somme, les politiques d'aide à la consommation sont des opportunités de changement, quand elles sont conçues dans la longue durée.

### *94. Même le cinéma est carboné*

Les chiffres sont édifiants. Une étude, faite par des chercheurs de l'université de Californie, estimait que Hollywood et ses studios polluaient davantage que toute autre industrie, à l'exception de l'extraction du pétrole. En France, le collectif Ecoprod évalue les dégâts du secteur à 1,7 million de tonnes de carbone par an. C'est comme si on transportait par avion un million de passagers sur un Paris-New York aller-retour.

Le déplacement des acteurs, les lumières de tournages et les groupes électrogènes, la construction de décors à usage unique, sont autant d'explications de cette pollution. Pour faire le film *Titanic*, James Cameron a, par exemple, construit un aquarium de 65 millions de litres d'eau. Il a ensuite été détruit.

*Mourir peut attendre*, le dernier James Bond, a nécessité la construction de bâtiments dans une zone boisée ultra-protégée en Norvège, et leur explosion. Un James Bond, c'est aussi la destruction de 35 millions de dollars de voitures neuves. *The Expendables 2*, dont le tournage a été réalisé dans une grotte en Bulgarie, a provoqué la mort de milliers de chauves-souris, au grand dam des défenseurs de la faune locale.

Des lumières LED sur les tournages, des sites en nombre limité, des décors réutilisables ou recyclés sont plusieurs solutions à cette forte empreinte carbone. Le réalisateur Spike Lee utilise désormais des objets de seconde main pour la décoration. La production du remake de *Mamma Mia* a recyclé et composté tous ses déchets, et utilisé, pour le chauffage, du biodiesel, fabriqué à partir d'huile de cuisson déjà utilisée. Tout cela manque évidemment un peu de poésie, mais c'est très efficace.

Pour qu'un film bénéficie des subventions publiques françaises, la production doit désormais fournir depuis le 31 mars 2023 un bilan carbone prévisionnel. Les séries sont également concernées. Cette règle s'appliquera à terme à la production de jeux vidéo et aux films d'animation, qui consomment beaucoup d'énergie à cause des ordinateurs.

Lorsque les spectateurs vont au cinéma en voiture, ils émettent aussi du carbone, autant que toutes les productions réunies. Et le streaming lui-même, le fait de regarder un film chez soi grâce à Internet, mobilise de l'énergie électrique qui n'est pas toujours décarbonée. On estime ainsi qu'une heure de Netflix ou d'une autre plateforme vidéo, c'est l'équivalent de 40 minutes de climatisation. La prochaine fois que vous allez au cinéma, allez-y à vélo, et plantez un arbre après, pour compenser les émissions délétères de ce plaisir coupable.

### *95. Kim Kardashian et l'art de l'investissement*

Kim Kardashian est devenue une véritable femme d'affaires. Elle n'est pas la première personnalité du show-business à se lancer avec succès dans l'entrepreneuriat. Ce personnage complètement artificiel à force de chirurgie esthétique, qui arrose ses followers sur Twitter d'un jet continu de photos lascives où elle pose en starlette, lance un fonds qui va faire appel aux grands investisseurs américains.

La série de téléréalité qui l'a fait connaître mettait en scène sa famille, où on retrouve de nombreux stéréotypes à la Brandon, Courtney, et Kendall. Elle a eu un succès considérable. Qu'elle lance un produit financier, c'est comme si on avait chez nous la Sicav (Société d'investissement à capital variable) Nabilla ou qu'on mettait Loana à la tête de la Banque centrale.

Or l'oiseau, sous ses airs passablement légers, est en fait un aigle du business. Elle a déjà lancé une marque de sous-vêtements gainants – c'est la chirurgie esthétique du pauvre – qui vaut plus de 3 milliards de dollars, et tout récemment, une entreprise de cosmétique, avec succès également. Elle vient donc de s'associer à un financier réputé, ancien de chez Carlyle, un fonds spécialisé dans le rachat et la restructuration d'entreprises. Il a la compétence, elle a la notoriété et l'image, voilà le pari.

L'idée de Kim Kardashian est de collecter les fonds des investisseurs pour les faire fructifier en achetant des entreprises, tout en prélevant de juteuses commissions. Dans cette activité, qu'on appelle aussi *private equity*, les intermédiaires, qui font quand même un travail important de restructuration et de valorisation des boîtes qu'ils rachètent, prennent 20 % de la plus-value sans mettre un centime au départ.

Quelle légitimité peut avoir une starlette dans ce domaine ? Lorsque l'on se pose cette question, nous raisonnons comme des Français. N'oublions pas que l'on parle des États-Unis, où Kim Kardashian est le symbole du succès et du glamour. Une sorte de super-influenceuse.

D'autres figures connues de la musique se sont lancées dans le business. Le rappeur Dr Dre a lancé les casques de luxe Beats, désormais distribués par Apple. La chanteuse Beyoncé est une vraie femme d'affaires, qui a investi dans un label de musique, dans la mode, et même dans une start-up qui produit de l'eau à partir de pastèques. Elle pèse plus de 400 millions de dollars aujourd'hui.

Encore faut-il s'associer avec les bons professionnels. C'est ce qu'a fait notre célébrité. Notoriété obtenue, c'est vrai, non pas avec les médias traditionnels, mais avec les réseaux sociaux. Kim Kardashian a 327 millions de followers sur Instagram, elle est la 8e personnalité la plus suivie au monde. Un vrai phénomène, qui s'étend à son clan : dans les 11 personnalités les plus suivies de la planète, il y a quatre membres de la famille Kardashian.

### *96. Les mangas, le livre de demain ?*

Le manga est une grosse réussite dans les librairies françaises. Il y a quelques décennies, *Pokémon* était à la mode. La furie du manga est au moins aussi puissante chez les jeunes ces derniers temps. En novembre 2022, pas moins de sept sorties de ces BD japonaises étaient prévues. Ça ne s'est pas arrêté en 2023.

Les mangas racontent souvent des histoires fantastiques, peuplées de monstres, de pirates et de héros aux pouvoirs surnaturels. L'un des plus connus, *One Piece*, relate les aventures d'un héros dont le corps a les propriétés du caoutchouc. Comme la plupart des mangas, cet ouvrage est une série : pour la traduction française, nous en sommes à l'épisode 102. *One Piece* s'est vendu à plus de 500 millions d'exemplaires dans le monde, pour la plus grande part au Japon.

Les mangas reprennent le bon vieux succès des romans d'aventures, avec un graphisme plus ou moins sophistiqué. Les personnages ont un vague air asiatique, ce qui ne trouble pas les jeunes lecteurs français. Ils parviennent à s'y plonger et même à s'identifier à eux. En 2021, sur les dix bandes dessinées les plus vendues, plus de la moitié étaient des mangas.

Les librairies ont installé des rayonnages mangas, voire des corners entiers. Ces albums « Made in Japan » représentent jusqu'à 15 % de leurs ventes, avec les produits dérivés. Au total, en 2021, les ventes ont doublé par rapport à l'année précédente, dépassant les 350 millions d'euros avec 43 millions de mangas commercialisés.

Cela fait revenir les jeunes dans les librairies. Les prix sont assez faibles, de 3 à 7 euros l'album, souvent en papier à peine blanchi. Bien souvent, le jeune client féru de monstres nippons ne paie pas, grâce au Pass Culture. Cette subvention de 300 euros donnée à chaque jeune entre 15 et 18 ans a fait décoller le marché. 25 à 30 % du crédit offert aux jeunes pour se cultiver seraient dépensés dans des mangas, selon les observations des libraires.

Les mangas sont donc payés par l'argent public. L'affaire a ému les représentants de la nation. Certains d'entre eux, comme le député du Rassemblement National Jean-Philippe Tanguy, ont déposé un amendement pour bouter le dessin nippon hors du Pass Culture. Ils ont subi un cuisant échec, l'amendement ayant été massivement rejeté. Le manga va donc poursuivre sa trajectoire éblouissante pour le plus grand bonheur des libraires et des éditeurs. Quant aux mangakas, ils remercient l'honorable contribuable français.

### *97. Choisissez bien votre paradis fiscal*

Les chiffres officiels de l'exil fiscal démontrent que, chaque année, lorsque la France levait l'impôt de solidarité sur la fortune (ISF) et la taxation du capital au niveau des revenus, un certain nombre de « riches » Français (avec des revenus annuels supérieurs à 100 000 euros) quittaient le pays. Cela représentait quelques centaines de contribuables par an.

La transformation de l'ISF en IFI (impôt sur la fortune immobilière) a rendu la France plus attractive. Désormais, le mouvement s'est inversé. Les contribuables exilés à l'étranger pour des motifs fiscaux sont plus nombreux à vouloir revenir dans l'Hexagone. Ce n'est pas un problème spécifiquement français. Tous les pays européens à forte fiscalité subissent le départ des riches, comme pour la Suisse, ou par exemple pour d'autres pays où les impôts sont plus faibles.

Des dizaines de multimillionnaires et milliardaires ont ainsi quitté la Norvège après la mise en place d'un nouveau régime fiscal en novembre 2022. Ces dernières années, certains pays ont également tenté d'attirer les « petits riches ». Le Portugal s'est imposé comme l'une des destinations favorites des retraités français, notamment grâce à l'exonération d'impôts sur le revenu pendant dix ans. Ces mouvements de contribuables prouvent que l'« animal fiscal » réagit à son environnement. Au-delà d'un certain seuil, il tente d'éviter l'impôt. Il peut le faire soit en s'exilant, soit en fraudant, c'est-à-dire en ne déclarant pas son travail et ses revenus. L'économie au noir, en pleine santé en France, c'est l'exil fiscal du pauvre.

Quant à l'ampleur des mouvements, il ne faut pas se laisser abuser par le faible nombre de contribuables candidats au départ. La fiscalité élevée a en effet une autre conséquence que l'exil, non visible dans les chiffres de l'économie celle-là : elle dissuade l'activité, en incitant les acteurs économiques – les travailleurs, les entreprises – à limiter leurs efforts, puisque la rémunération net d'impôt qu'ils en reçoivent est trop faible.

## *98. L'immobilier de luxe ne connaît pas la crise…*

Le marché immobilier du luxe résiste, alors que l'ensemble des autres ventes subit une baisse, selon la FNAIM, la Fédération des agents immobiliers. Le luxe, ce sont les demeures d'une valeur supérieure à 3 millions d'euros. Ainsi, le réseau Daniel Féau, une agence spécialisée dans ce marché, connaît-il un bond de 40 % de ses ventes au dernier quadrimestre 2022. La plus belle vente a été la maison de Bernard Tapie à Saint-Tropez qui s'est soldée à 81 millions d'euros.

La France n'est pas seule dans cette situation. Plusieurs capitales étrangères vivent le même paradoxe. À New York, par exemple, en 2022, 218 ventes de logements de plus de 10 millions de dollars ont eu lieu, contre 167 en 2019, l'année de référence avant le Covid ! À Sydney, le premier semestre 2022 fut deux fois plus élevé pour les ventes de plus de 10 millions de dollars. Même chose à Londres pour les ventes de plus de 3 millions de livres sterling.

En France, les biens de luxe, disons supérieurs à 2 millions, sont concentrés à 60 % à Paris et dans sa région. Mais trois autres régions sortent du lot, Provence-Alpes-Côte d'Azur, bien sûr, Rhône-Alpes avec Lyon et les stations de ski comme Courchevel et la Nouvelle-Aquitaine. Quelques petites localités, véritables clusters à grandes fortunes, voient une transaction sur deux être supérieures à 2 millions. Comme le cap d'Agde, Courchevel, Gordes ou Saint-Tropez… Au total ces ventes de luxe représentent 3 500 opérations sur environ 1,5 million de ventes, soit une proportion très faible. Dans l'hyper-luxe, les valeurs supérieures à 5 millions d'euros comptent pour 717 opérations. Elles sont encore plus concentrées dans Paris, sa région et les clusters. Le nombre de ventes de luxe entre 2019 et 2021 a été multiplié par 2,5.

Sans doute les riches veulent-ils investir dans l'immobilier après le Covid et ses confinements. En 2022, la peur et l'inflation ont renforcé la dimension de valeur refuge de l'immobilier. Et les prêts sont faciles à obtenir pour les très grandes fortunes. Certaines banques proposent même un paiement *up-front* pour leurs meilleurs clients en payant les intérêts tout de suite, sans risque pour la banque.

### *99. … les riches non plus !*

Le nombre de riches augmente. Il a progressé de 75 % sur cinq ans dans le monde. Et le dollar aussi. Donc tous les pays de la base dollar ont intérêt à investir à Paris ou à Londres.

Ainsi, l'émigration de certaines grandes fortunes tels les Chinois, les Russes et les Sud-Américains se poursuit. Lorsqu'ils gagnent de l'argent, les riches de ces régions rêvent tous de venir dans des pays où la propriété privée est garantie et où les institutions démocratiques protègent les citoyens de spoliations. Ce modèle sera toujours favorable à des villes comme Paris, Londres ou Miami, en faisant fantasmer les élites hyper-riches des pays autoritaires. Toutes veulent mettre à l'abri leurs biens et leurs enfants.

Toutefois, un facteur dépressif se fait jour avec la fragilité de la Bourse. Si une chute des actions survenait, cela limiterait la hausse de l'immobilier de luxe. Car le lien entre Bourse et grandes fortunes est très étroit. Mais pas d'inquiétude pour nos plus belles demeures, on n'y est pas encore…

### *100. La France, éternelle dépensière*

Notre histoire a des constantes. Ou du moins permet de relever des similarités entre passé et présent. L'excellent site Fipeco a publié des extraits d'un texte paru en 1858, sous la plume d'Alexis de Tocqueville, historien, politologue et sociologue avant l'heure. Le texte s'appelle « L'Ancien Régime et la Révolution ». Il raconte la France de Louis XVI. Une France incroyablement similaire à la nôtre.

Pour expliquer l'emballement des dépenses royales dans les décennies qui précèdent la Révolution, Tocqueville évoque l'« immense nombre de requêtes qui, se fondant sur l'intérêt public, n'ont trait qu'à de petits intérêts privés : des paysans qui demandent qu'on les indemnise de la perte de leurs bestiaux ou de leur maison ; des propriétaires aisés, qu'on les aide à faire valoir avantageusement leurs terres ; des industriels sollicitent de l'intendant des privilèges qui les garantissent d'une concurrence incommode. Il est très fréquent de voir des manufacturiers qui confient à l'intendant le mauvais état de leurs affaires, et le prient d'obtenir un secours ou un prêt ». Mais c'est exactement la France de Macron avec son quoi qu'il en coûte ! Et Tocqueville poursuit : « Un fonds était ouvert, à ce qu'il semble, pour cet objet. » À mon avis, ce fonds était dirigé par un Monsieur Le Maire, l'aïeul de notre ministre des Finances.

En somme, nous étions déjà accros à la dépense publique et à l'État au XVIIIe siècle ! Car Tocqueville poursuit : « Personne n'imagine pouvoir mener à bien une affaire importante si l'État ne s'en mêle… Le gouvernement ne se bornait pas à venir au secours des paysans dans leurs misères ; il prétendait leur enseigner l'art de s'enrichir, les y aider et les y forcer si besoin. » Interventionniste, comme aujourd'hui… Conséquence : inflation des normes et des règles. Je cite encore : « Pour arriver à diriger tout Paris, il a fallu inventer mille moyens de contrôle. La masse des écritures est déjà énorme, et les lenteurs de la procédure administrative si grandes, que je n'ai jamais remarqué qu'il s'écoulât moins d'un an avant qu'une paroisse pût obtenir l'autorisation de relever son clocher ou de réparer son presbytère. Le plus souvent, deux à trois ans s'écoulaient avant que la demande soit accordée. » Cela ne vous rappelle rien ? Récemment, le groupe Le Duff a renoncé à construire une usine en Bretagne après sept ans de procédures…

Ces retards bureaucratiques pesaient sur les finances du royaume au point d'évoquer littéralement la situation actuelle : « L'effort même que faisait le gouvernement pour développer la prospérité publique, les secours et les encouragements qu'il distribuait, les travaux publics qu'il faisait exécuter, augmentaient chaque jour les dépenses sans accroître dans les mêmes proportions les recettes. Cela jetait chaque jour le roi dans des embarras encore plus grands que ceux de ses devanciers [ses prédécesseurs]. Comme ceux-ci, il laissait sans cesse ses créanciers en souffrance. Il empruntait comme eux de toute main. » À plus de deux siècles d'écart, la France éternelle a toujours sa passion pour un État dévorant. Et les poches trouées.

# Table des matières

## DEUXIÈME PARTIE

## TROISIÈME PARTIE

CET OUVRAGE
A ÉTÉ ACHEVÉ D'IMPRIMER
SUR ROTO-PAGE
PAR L'IMPRIMERIE FLOCH
À MAYENNE EN SEPTEMBRE 2023



N° d'impression : 103264
N° d'édition : P31728/01
*Imprimé en France*